科学するブッダ

犀の角たち

佐々木 閑

角川文庫
18216

序文

シチリア島シラクサの町の住人であったアルキメデスは、町に攻め込んできたローマ軍の兵士に反抗して殺された。地面に図形を描き、夢中になってその解法を考え込んでいたところへ兵士がやってきて、その図を足で踏み消そうとしたからである。数学の問題に夢中になっていたニュートンは、卵をゆでようとして間違って時計をゆでてしまった。十九世紀から二十世紀にかけてフランスの数学を牽引した大学者ポアンカレは、問題を考えている間、延々と部屋の中を歩き回り、近くに人がいても全く気づくことがなかった。奇妙キテレツな数学の天才グロタンディークは問題に熱中するあまり、町へも裸足で出掛けていった。パリの街角に裸足で立ってぼうっと宙を見つめる彼のスナップ写真は、異様にして崇高でさえある。他にもこういった例は山ほどある。ガウスもアインシュタインも、ヒルベルトもゲーデルも、およそ科学理論の構築に貢献した人たちで、思考に沈潜する習慣を持たなかった人などひとりもいない。科学者たちは瞑想するのだ。そしてその、瞑想する科学者たちの姿は、いつも私の心を惹きつける。頬杖をつき、半眼になってじっと宙を見つめながら、なにごとかに思いをめぐらしている科学者の顔に、私はすっかりしびれてしまう。その理由はただひとつ、彼らの頭の中に宇宙の真理が輝いているからである。

彼らがじっと頬杖をつきながら「どうやったら億万長者になれるだろう」などと考えているのなら、誰も尊敬はしない。それまで誰も見たことのなかった宇宙の真理を、自分の力で見つけ出してやろう、つかみ取ってやろうという、その気概がカッコいいから惚れるのである。そして、まばたきのその一瞬に、ひらめきは訪れる。凝縮した頭脳から真理は閃光となってほとばしり、彼らは「わかった！」と叫ぶ。そのドラマがあまりにも劇的なので、見ている私も、うらやましくてうらやましくて、ぽーっとあこがれてしまうのである。自分の知力で宇宙の真理を知るという、その一瞬を経験することのできる科学者は、その時に人間としての最高のしあわせを手に入れるのだ。

瞑想して真理を知る。そんな科学者たちのカッコよさに思いを馳せながらふと振り返ると、思いがけず自分の身近に、これとそっくりな人が座っている。穏やかな顔で瞑想する、その目的はやはり、宇宙の真理の探求である。ただし、宇宙の真理とはいっても科学の話ではない。「この世の本質は一体何だ。我々はどうして、この世で苦しみを感じるのか。そして、その苦しみを取り除くためにはどうすればよいのか」。こういった問いに対する正確な答え、それが、この人にとっての「真理」である。この人のことを我々はブッダと呼ぶ。ブッダは、この問いを解くために瞑想を続け、そしてついに真理を悟った。解くべき問題は違っていても、ブッダと科学者は同じことをしている。瞑想して真理を知るという、この点で、科学者とブッダの間に違いはない。

それならば、科学者たちが作り上げてきた科学の世界と、ブッダが創設した仏教という宗教は、なんらかの共通性によってつながっているのかもしれない。しかし、そうはいっても、やはり科学と仏教を同一視するのは無茶な話である。かたや、合理主義を武器に、外的世界の法則を体系化するという目的に向かって邁進《まいしん》する冷徹な探求家たちの集団であり、一方の仏教はというと、人の心をより向上させることを目的として精神の修練を重んじる修行者集団である。瞑想する姿は同じでも、やはり両者は本質的に異なっている。科学が人間の苦悩を根本的に取り除いてくれるとはとても思えないし、仏教には物質世界の法則を解明する力などない。やはり両者はまったくの別ものもののようである。

ある面から見れば、科学と仏教は似ているように見えるのに、別の面から見るとまったく違うものに見える。こういうことが起こった場合、結論をいそぐと失敗する。まず考慮すべきことは、両者を並べて見る場合の、そのスケールをしっかり見きわめることである。ふたつのものを見比べるにしても、それを一体どういうスケールで見るのか、その視点の違いによって、両者は同一物に見えることもあるし、まったくの別ものに見えることもある。リンゴとミカンを百メートル先から見比べれば、区別のつかない二つの球体だが、蟻さんの視点で見ればまったくの別ものである。このことをよくわきまえず、自分の勝手な思い込みで独断的に結論すると、科学を汚染し仏教を冒瀆する怪しい神秘論になってしまう。自分が比較したい点だけをひっぱり出してきて並べて見せて、「ほら、科学と仏教にはこんな共通点があるんです。だから科学の本当の意味を知るためには、仏教の神秘や直感を理解する必要があるんです」といった愚論を開陳するはめになるのである。肝心肝要な部分に神秘性を持ってきて、それで科学の意味づけをしようという安易な論法である。

一時、思想界に病毒をまき散らしたニューサイエンスはその典型であるし、今でも、引退した科学者がひまつぶしに仏教をかじる場合など、大方こういった方向に進みやすい。確かに科学と仏教のひとつひとつの要素を見ていけば、似ている点は見つかる。しかし実際には、その何百倍も何千倍も、似ていない点があるのだから、個々の類似点をもって、両者の総体的類似性を主張することなどできない。私は本書で、科学と仏教の関係を論じるが、両者の個々の要素の対応に関しては一切無視した。唯識《ゆいしき》と脳科学だの、マンダラと量子宇宙だの、つき合わせてみても意味がない。視点は常に、科学と仏教それぞれが目標とする世界観である。スケールはそこに合わせてある。科学は総体として、どのような方向に向かっているのか。仏教は本来、何を目指して活動していたのか。その向かう先を見定めることによって、科学と仏教の知られざる関係性を明らかにしたい。それが本書の目的である。

考察の基本指針として、神秘性を極力排除した。仏教は神秘の上に成り立つ宗教だという通念は根深い。もちろん多様な日本の仏教を見ていれば、それも無理からぬことであるし、それが間違っていると考える必要もない。しかし、釈尊《しゃくそん》が創成した本来の仏教は、我々が想像する以上に合理的なものであり、神秘の影はきわめて薄い。そして、科学と同じ土俵に上って四つに組むことができるのは、その本来の仏教だけなのである。詳細は後ほど本文で語るが、神秘性を排除してしまっても成り立つところに仏教のすごさがある。それが、科学と対等に肩を並べることのできる唯一の世界宗教としての仏教の、最大の特性なのである。

ふたつのものを並べて見せて、両者がどう関係しているのかを説明すれば、聞いている人は「なるほど」と納得する。もちろんそれはそれで価値ある仕事なのかもしれないが、それだけでは「甲斐がない」。その先に、「ではこれからの科学はどうなるのですか」、「これからの仏教はどうあるべきなのですか」といった問いに対する答えが現れた時、仕事は完結するのだと思う。本書でそこまでのことができたわけではないが、とにかく、それを目標とした。合理性を絆として、科学と仏教は同一の世界観に立つことができるという本書の主張は、ブッダの思いに沿ったものだという確信がある。この未熟な第一歩をきっかけとして、科学と仏教の真の関連性を解明する動きが世に生まれることを切に期待している。

私は二〇〇〇年から二〇〇二年の三年間にわたり、花園《はなぞの》大学教養科学講座「禅と生命科学」を主催し、ほぼ一ヶ月にひとりの割合で、科学の分野において活躍中の現役研究者を招き、公開講座のかたちで最新の研究状況を紹介してもらうと共に、仏教を中心とした精神文化との接点を探っていくという企画を行った。その時知り合いになった多くの科学者の方たちから受けた様々な刺激は、生涯の宝となったが、本書では、その時の経験が各所に生かされている。この場をかりて皆さんにお礼申し上げる。特に、物理学者湯川哲之《ゆかわてつゆき》氏、科学思想家吉永良正《よしながよしまさ》氏、遺伝学者斎藤成也《さいとうなるや》氏のお三方は、私が連発する愚問にもいちいち丁寧に答えてくださって、そのお陰で、研究に向かう科学者の真摯《しんし》な姿勢というものを身近で知ることができた。本書はそういった素敵な出会いの中での私の直接経験がもとになって生まれたものであるが、個々の情報収集および考察結果に関しては、すべて私個人の仕事であって、あらゆる間違いの責任が私一人にあるという点は強調しておきたい。

なお、私は普段、ブッダのことをシャカムニと呼んでいるのだが、この本ではある程度一般的で親しみのある呼び名がいいだろうと考えて、あえてブッダと呼ぶ。また、必要に応じて釈尊と呼ぶこともある。その点もご承知おき願いたい。

文庫版　まえがき

人の記憶には二種類あるように思う。ひとつは「もの」の記憶。なん年なん月に誰とどこに行ったとか、円周率の小数点第6番目の数字は2であるとか、go の変化形は go-went-gone だとか、そういった個別情報の保存である。これが秀でていると「ものしり博士」になることができる。そしてこれとは別に、人が持つもうひとつの記憶は、「こと」の記憶。小さい時に連れて行ってもらった旅行の楽しさとか、親から習った世の中の見方とか、他人から受けた恩義のありがたさといった、デジタルに数値化することのできないほんわかとした記憶である。この記憶がたっぷりあれば、人は情緒性が豊かになる。

二〇〇六年に大蔵出版から出した『犀《さい》の角《つの》たち』という本は、私が三十年間蓄積していた「こと」の記憶が、突然に心の中から湧きだしてきて、勝手に手が動いてできあがった本である。なんの準備も心構えもなく、ある日急に「書こう」と思い立ち、そのまま書きだして、一気に書き終えた。調査ノートも構想メモもなにもない。「もの」の記憶にはほとんど頼ることなく、心のおもむくままに書き進んだ。まさに「こと」の記憶だけでできているような本である。書いていた当時の感覚を正しく言い表すことは不可能だが、小さい時からの「あんな思い」「こんな思い」の薄片が積もり重なって、気がついたら柔らかな結晶体ができあがっていた。それをそのまま、原型を壊さぬように文字化したら『犀の角たち』になった、という感じである。

そんな本が、出版後、多くの科学者の人たちから評価してもらえたことは、喜びであると同時に大きな驚きでもあった。そして、一見ドライでクールな科学の世界も、その根底には情緒の水脈が流れているということをあらためて認識したのである。『犀の角たち』を通じて、魅力的な大勢の科学者ともご縁ができて、私の人生は随分と晴れ間が広がったように思う。誰とも分からぬ大勢の人たちから受け取った「こと」の記憶が、このようにして私の人生に多くの恵みを与えてくれた。ありがたいことである。

今回、角川学芸出版の編集者、堀由紀子さんが、この『犀の角たち』に興味を持ち、強く推薦してくださったおかげで、角川ソフィア文庫の一冊として出版していただけることになった。文章の訂正、小見出し、レイアウト、カヴァーデザインにいたるまで万端の手配をしてくださった堀さんの熱意には本当に感謝し、感激している。元本のカヴァーデザインは高月利江さんにお願いして、素晴らしい表紙を作っていただいたが、今回は芦澤泰《たい》偉《い》さん、カヴァー画はクーさんにお願いした。これもまた魅力的で素敵なものとなった。本文中の図版イラストはフロマージュさんの作画である。私の意をくんで、とても分かりやすい図にしてくださった。『犀の角たち』は本当に果報者である。皆さん、本当にありがとうございました。

（今回の文庫化にあたって一個所、新たに加えた部分があるので、その個所を示しておく。69ページの「ひとつだけ」以下の三段落、「同時性の問題」の部分である。そこでは、物理学が今後解決していかねばならない幾多の問題のうちの一つを、私なりに考えてみた。）

佐々木　閑

二〇一三年八月

目次

第一章

物理学

――科学のパラダイムシフトから進展の方向性を探る

科学と仏教という、一見したところどうにも関連づけようのないふたつの分野の隠れた関係性を明確化するというのが本書の目的なのだが、話の順番から考えて、最初は科学と仏教それぞれを別個に語らねばならないだろう。はじめから両者を一緒にして論じておいて、後から「そういうわけでこのふたつはつながっているのです」などと言っても説得力がないからである。そこでまず科学について見ていくが、一体なにを見ていくのかというと、科学の方向性である。デカルト、ニュートンあたりから加速度的に進展してきた科学が、総体として一体いかなる方向へと向かっているのか、科学の向かう先にはいかなる世界観が待っているのか、それをおおづかみに見ていく。

進歩の本質は〝パラダイムシフト〟

科学がどのようなプロセスで進歩していくのか、という問題に関しては、すでにクーンが『科学革命の構造』でパラダイムシフトという有名なアイデアを出している。それによると、科学は時間軸に沿って一様に進歩していくわけではない、つまりだらだら坂を上っていくのではないという。科学は、階段のように、ある区切りにくると一挙に上のレベルに跳び上がるのである。その跳び上がるところをパラダイムシフトという。パラダイムというのはきわめて翻訳しにくい言葉であるが、私は個人的に「安心できる枠組み」と呼んでいる。たとえば十七世紀の物理学は、ニュートン力学の誕生により新たなパラダイムを獲得した。それまでは、物体の運動に関して各人がてんでんばらばらの主張を唱えていて、それを統制する枠組みなどなかったところへ、ニュートン力学という反論の余地のない「安心できる枠組み」が登場したため、まずは生まれ故郷のイギリスの科学者たちが、次いでヨーロッパ大陸の科学者たちが一斉にこれにとびついた。とにもかくにも、その枠組みに沿って考えていけば間違った方向に進むことはない、と考えたのである。こうして、その時代のパラダイムとなったニュートン力学は、その後の科学者たちが物体の動きを考える際の土台となり、そしてさらに、彼らが自分たちの研究テーマを探求する時の先導役ともなったのである。

このように一旦パラダイムが固定すると、科学はその枠組みの上にのって進展していく。科学者のなすべき仕事は、その枠組みを一層精密化し、新たな現象にその枠組みを適用することで応用例を増やし、枠組みにうまく合致しない現象がある場合には、いろいろ工夫して、合致させるための方策を編み出すといったことに限定される。これは一種の調整期、停滞期である。ニュートン力学の場合は、このような状態が十九世紀後半まで続いた。そしてそれが、電磁気学の興隆によって少しずつ揺すぶられ、ついに一九〇五年、アインシュタインの特殊相対性理論という新たなパラダイムに取って代わられることになった。これがパラダイムシフト、すなわち「安心できる枠組みの変更点」である。

このような経過は、物理学に限らず、あらゆる科学の分野で起こっており、そのスケールも、全領域的で大規模なものから、特定の専門家の世界だけに限定される小規模なものまで様々である。しかしともかく、科学が発展するとは、このように停滞、ジャンプ、停滞、ジャンプという段階的な過程でパラダイムが変わっていくことを意味する。これがクーンのいうパラダイムシフトである。

このアイデアは一九五〇年代に提出されたが、科学界では随分物議をかもしたようで、反対する者も多かった。確かに大勢の人間の共同作業である科学という世界を、これほど単純な構図で完全に割り切ってしまうのは無理だろう。この構図に入りきらない例外事例も数多く存在しているはずである。しかしそれでも、クーンの考えは基本的には正しい。種々の揺らぎはあるものの、大きな流れとしては、やはりパラダイムシフトというものはある。

物理学でいうなら、現在のパラダイムは相対性理論と量子論である。このふたつの学説はいまだ統合することができず、二本立てのままで並存しているが、少なくとも現代の物理学者でこの二説に依らずに研究を進めることのできる者などひとりもいない。両学説に対する科学者の思いは、一種信仰にも似た絶対の信頼感であり、これはまぎれもなく現代物理学のパラダイムである。

この「安心できる枠組み」がやすやすと変更されるとはなかなか信じられないが、数世紀も不動であったニュートン力学が、アインシュタイン前後の数十年であっという間に変わってしまったという前例を見るなら、そういった事態もあり得る。のちほど本書で取り上げるペンローズなどは、そういった事態を想定して研究を進めている希有な学者である。

このクーン流のパラダイムシフト説は、科学の流れをきわめてダイナミックにとらえる魅力的な考え方ではあるが、もうひとつ物足りない感じがする。それは、科学の方向性が示されていないからである。断続的に繰り返されるパラダイムシフトによって科学は次々に新たな段階へ進展していくというのだが、それは一体、どこに向かって進展していくのか。大きな視点で眺めた場合、繰り返されるパラダイムシフトは、全体としてどのような方向性を示しているのか。その点が明らかになっていない。

方向性が見えない場合と見える場合とで、その価値はまったく違う。方向性を示すことなくただ「変わる」と主張するだけなら、それは単なる状況説明である。過去の経過を後追いして説明しているにすぎない。それに対して、科学の変化の方向性を示すことができれば、それを延長して将来の変化が予想できる。そして現在の科学が今後どのような方向へ進むのかを、どんなにおおまかでもよいから、予想することができるなら、科学者は最初からその方向に向かって視点を設定することができる。つまり次のパラダイムシフトを起こすことのできる可能性が飛躍的に高まるということである。

科学の祖デカルトの功績

私は以前から、パラダイムシフトの特性に興味を持っていて、折に触れていろいろな事例を見てきたが、そこに一定の方向性を見て取ることができるのではないかと思うようになってきた。以下、それらの事例を語り、そこにいかなる方向性があるのかを説明していく。個々の事例に関しては広く知られた有名な話ばかりであって、それらを並べるだけならただの「雑学話」ということになってしまうが、ここで注目すべきは、それらの事例が指し示している「変化の方向」である。様々な事例が等しく同じ方向を示しており、科学のパラダイムシフトが全体として一定方向に向かっているということが話の眼目なのである。先にニュートン力学の例を出したので、そのあたりから話を始めよう。

科学の出発点はどこかという問いに対しては、いくらでも異なった答えが可能であろう。土木・天文の技術的必要性から数学を発達させた古代エジプトや、自然の調和を整数比で説明しようとしたピタゴラス学派、さらにその後のアリストテレス、ユークリッド、アルキメデスなど、いずれも科学の祖と呼ぶにふさわしい存在である。しかし、こと現代科学に直結する出発点をひとつ定めるとするなら、やはりデカルトであろう。

デカルトは世界を精神と物質に二分し、物質の奥に隠された普遍的法則性を探求することが、重要な人間活動であると言った。ここにおいて、物質世界の法則性だけを探求する、科学という分野が誕生したことになる。その際、デカルトは、探求のための言語として数学を用いることの有用性に気づいた。感覚的経験よりも数学的確実性を重視し、数学を用いれば物質世界の法則を一般化して語ることができるということを指摘したのである。

数ある彼の業績の中でも特筆すべきは、座標平面の発明であろう。幾何学図形の各点を、数直線上の数字の組み合わせで表現するという新たなアイデアは、我々が目や触覚によってとらえる茫漠とした空間概念を、数字でデジタル表記するという、とてつもない飛躍を可能にした。たとえば、「等加速度運動をしているボールが、ある時間の間に進む距離はどれだけか」という問いの答えを、平面上のある図形として表すことが可能になる。この発明によって、人類は初めて、ものごとの「変化」を図形的な「あらわれ」として扱うことが可能になった。微積分学を完成させたニュートンも、デカルト幾何学から多大な影響を受けている。デカルトは、近代科学が用いる様々な道具をずらりと用意してくれたのである。

ここで特に私がデカルトの存在を強調するのは、彼が、物理現象と数学との緊密な連携プレーを提唱し、それがその後の物理学の基本方針として公理化されてきたからである。数学で世界を記述するという物理学の基本スタイルを提案した点で、デカルトは近代科学の出発点なのである。

しかしながら、そうはいってもデカルト自身が、実際にすぐれた科学理論を創成したわけではない。高らかな宣言の割に実際の仕事は大雑把である。その理由は、観察や実験といった、実際に自然と向き合う活動を軽視し、人間の悟性だけで天下り式にすべてを理解してしまおうという、彼の傲慢な楽天主義にあった。頭で合理的に考えていけば、自然の摂理は自ずから理解できる、と考えたのである。ロッキングチェアー探偵ならぬ、ロッキングチェアー科学者といったところか。

したがって、科学理論を構築するためのスタイルは考えても、それを現実の物質世界に適用して、「使える理論」という実用物にまで持っていくことはできなかった。デカルトの用意した道具を使って、真の意味での科学理論を組み上げたのは、ニュートンたち、一世代後の人々だったのである。

このあたりの事情は、山本義隆《よしたか》の『磁力と重力の発見』で詳しく論じられている。この本は、「中世の魔術的世界を打ち破って、ニュートン力学という真に科学的な理論が現れた」という我々凡俗の科学観に冷や水を浴びせて、この時代の物理学創成史を魔術・科学混合体の組織化という観点から語る。科学史というのがいかに重要な研究領域であるか、それによって我々自身のものの見方がいかほど影響されるものかを実感させてくれる名著である。

ニュートン力学成立の事情を、この本をもとに手短かにまとめてみると次のようになる。「コペルニクス的転回」という言葉があまりにも有名なので、近代科学に向かうパラダイムシフトはコペルニクスによってなされたという思いが強い。たしかにコペルニクスは、天動説では説明のつかない惑星の動きを説明するために、太陽を中心にして、そのまわりを惑星が円回転するという地動説の原形を示したが、それでパラダイムが一挙に変わったわけではない。

地動説で一番やっかいなのは、なぜ地球が動くのかというその理由である。動くからには、地球にはそれなりの活力がなければならないというのが当時の大方の理解であった。まだ慣性の法則など誰も考えていなかった時代である。地球が動くなら、そのための活力がなければばならない。しかし、冷たくひえた岩土の塊である地球にはそのような活力などどこにも見当たらない。不活性な土塊にすぎない地球が一体どうやって太陽のまわりを回るというのか。

コペルニクスは、この問いに答えることのできるような理論はなにも語っていない。この問題に積極的な解答を与えたのはイギリスの医師ギルバートである。彼は一六〇〇年に『磁石論』という本を出版したが、その中で、ケプラー、ニュートンへと続く天体運動論の基本概念を提示したのである。

神の存在と結び付けられた「磁力」「重力」

ギルバートは史上初めて磁力と電気力を区別して考えた。つまり磁石が鉄を引き付ける力と、摩擦した琥珀《こはく》がまわりのいろいろな物体を引き付ける力は別ものだと考えたのである。そして、電気力の方は、なにか電気的物質とでもいうものが直接相手に働きかけてそれを引き付ける、つまり物質同士の接触による機械的作用であるのに対して、磁力の方は、遠く離れた相手にも瞬時に伝わる純然たる遠隔作用であると考えた。つまり、電気力が日常世界のあたりまえな力であるのに対して、磁力は、日常の経験では理解できない不思議な力だというのである。

ギルバートは、磁力を、神の知性による本源的霊力だと考えた。そして彼は、地球そのものが一個の巨大な磁石であり、その磁力こそが地球の活力だと考えたのである。神の霊力である磁力をそなえた地球は、そのおかげで地軸を中心にして自転することができるし、太陽のまわりを公転することもできるというわけである。

このギルバートの磁石説を受けて、惑星運動に美しい規則性を見出したのが、ケプラーである。ケプラーは、ギルバートの言う天体の磁力を、太陽や惑星が互いに引き合う力、すなわち重力だと解釈した。ギルバートはそこまではっきり言ったわけではない。地球には磁力があり、それが地球の活力になっていると言ったのだが、ケプラーはそれこそが、天体間に働く重力だと理解した。太陽も惑星もみなひとつひとつが磁石であって、その遠隔力によってお互いに引き合っていると考えたのである。だがもし天体の間に、互いに引き合う力が作用しているのなら、天体は次第に近づいてきて最後にはひとつにくっついてしまうはずである。それがそうならないのは、別の不思議な力が惑星に働きかけて惑星を常に突き動かしているからだと考えた。くっつこうとする磁力と、突き動かそうとする不思議な力の両者がバランスを保って、そこに美しい楕円軌道が現れてくるのである。

磁力は個々の天体に本来そなわっている力だが、もう一方の、その突き動かす方の不思議な力は一体どこからくるのか。ケプラーは、その力の源を、天体運動の中心すなわち太陽に求めた。太陽から出る運動霊とも呼ぶべき不思議な力が、磁力と同じように遠い空間を瞬時に伝わって個々の天体を駆動する。楕円軌道上を先へ先へと引っ張っていくのである。こうしてふたつの異なる遠隔力のバランスの結果、個々の惑星は、見るも美しい規則にしたがって楕円軌道を描く。ケプラーによって発見されたその規則性は三つの法則にまとめられ、現在では「ケプラーの法則」と呼ばれている。ケプラーにとっては、その動きの美しさ、法則の数学的端正さこそが、神の存在証明であった。

次に登場するのがガリレイとデカルトであるが、意外なことに、この二人はケプラーを継ぐ者ではない。彼らはケプラーが導入した、天体間の磁力（すなわち重力）も、あるいは太陽から発する不思議な駆動力も認めなかった。なにも仲介物がないのに遠い相手まで瞬時に伝わる、遠隔力などという怪しい概念を承認できなかったのである。彼らは宇宙のすべての機構が機械論的に動いていると考えた。機械論的というのは、歯車仕掛けの時計のように、すべての部品・要素がお互いに接触し、力を伝え合って動いているという意味である。途中に力を伝える歯車がないのに、目に見えない形で空間を力が伝わることなどあり得ないことであった。それは彼らにとっては不合理な魔術の世界の話にすぎなかったのである。

これは一面、きわめて近代的な合理主義である。しかし、その合理主義は、彼らの直覚、もっと端的に言えば彼らの頭の中の勝手な世界像が生み出した合理主義であって、現実の自然現象に正しく対応しているという保証のない、理想上の世界であった。したがって当然のことながらガリレイやデカルトは、現実世界を正しく記述することのできる力学体系を構築することなどできなかった。彼らの機械論的宇宙観は、大陸側のヨーロッパ世界ではいくばくかの命脈を保ったが、その後にイギリスで現れたニュートン力学の威力が認識されるようになると、急速に衰退していったのである。

そのイギリスであるが、ギルバート、ケプラーに代表される遠隔力肯定説と、ガリレイ、デカルト流の機械論的宇宙説という、厳密に言えば互いに矛盾する二系統の考え方が、微妙に並立していたという点で、そこはヨーロッパの他の世界とは異なる独特の状況にあった。そして、「遠隔力を要素に組み込んだ機械論的力学」という、独自の力学体系が、フックと、それを継いだニュートンの手によって完成するのである。したがって極端に言うなら、ニュートン力学とは、我々の直覚が承認する機械論的宇宙の中に、遠隔力（つまり重力）という、人智では説明できない不思議な作用を組み込んだ上で、それを数学的に記述した力学体系だということができよう。

ニュートンも神とともに生きていた

　ではその不思議な力である重力の源は一体なにかというと、ニュートンはそれを「神」だと見ていた。すべての機械的からくりや物質的原因を超えて存在しているのであるから、他に言いようはない。ニュートンにとって自分の作った力学は、遍在する神の力の、数学的表出にほかならなかったのである。そこには、我々が素朴に信奉する偉大な科学者としてのニュートンではなく、遍在する神秘を力学体系中に見出して、その荘厳華麗な神の御《み》業《わざ》を畏敬する魔術的信仰者ニュートンがいる。千ページを超える『磁力と重力の発見』のハイライトをまとめると以上のようになる。学校時代に習った科学の歴史とはまるで違う、まことにドラマティックで深みのある科学像が浮かび上がってくる。

　さてそこで、ニュートン力学の世界観である。その世界は、数学によって一切が語られるという点では、文字通り現代物理学の出発点である。しかし同時にそれは、神の創った、そして神の力で動いている不可思議の世界でもある。ケプラーにしろデカルトにしろニュートンにしろ、ともかくこの時代の科学者の世界観には、なんらかの形で神が存在していた。純粋な機械論ならば、その精密巧緻な機械仕掛けの製作者としての神、遠隔力を認める立場ならば、その不思議な力の源泉としての神、いずれにしろ世界は、創造主の偉大なる思いを反映した完璧な工芸品として理解されるべきものだったのである。

科学というのは、世界のありさまを、あるがままの姿で記述することを目的として生まれたものではない。特にキリスト教世界の中で誕生した近代科学が目指したものは、この世界の裏に潜む、人智を超えた神の御業を解明し、理解することにあった。法則性の解明がそのまま神の存在証明になり得たのである。したがって、科学によって解明されるべき世界の構造は、単一的で合理的で、そしてエレガントなものでなければならなかった。神が不格好で複雑で鈍重なものをお創りになるはずがない。当時の人々はそう考えたのである。そして人々は、頭の中で、単一的で合理的でエレガントな世界像をいろいろと考え出し、それらのうちで現実によく合うものを選びとって、「これが世界の基本構造である」と主張した。ギルバートもケプラーもデカルトもみなそうである。

頭の中の理想体系は、各人それぞれがそれぞれの個性に応じて生み出すものであるから、しょせん現実の世界と完全に対応するはずがない。大枠は似ていても、食い違いは出る。その食い違いをどう解決するか、そこが科学者の正念場である。ガリレイやデカルトは、外部世界が突き付ける不合理を拒否して、頭の中の理想世界を優先した。彼らはその分、合理的なのである。自分の頭が納得しないような解釈、常識的思考が「理屈に合わない」と判断する事象を受け入れなかった。彼らは自分の直覚が要求する合理性を是とし、その世界に生きた。しかしその代償として、現実世界を正確に記述する物理体系を生み出すことはできなかったのである。これに対してニュートンは、己の直覚よりも、実際の現象を優先して、重力という正体不明の概念を導入することで、現実ときっちり対応する体系を創成した。

このように見てくると、パラダイムシフトとは、頭の中の直覚と、現実から得られる情報とのせめぎ合いにおいて、直覚が負けて情報が勝つ、そういった現象だと考えることができる。「世界はこうあるべし」という脳の生み出す理想世界が、現実を観察することによって得られる外部情報のせいで修正を迫られ、「いやだけど仕方がない」と言いながら軍門に下るのである。キリスト教世界においては、その脳の生み出す理想世界とは、すなわち神の創りたもうた世界を意味するから、上の構図をそこに重ねてみると、「神のお創りになった世界はこうあるべし」という直覚的な世界像が、現実からの情報によって修正を余儀なくされ、「神はまことに不可思議である」つまり「よう分からんわい」と言って自分を納得させながらそれを受け入れる、そのような状況である。

本書は科学の方向性をテーマのひとつにしていると言ったが、その要点はここにある。脳の直覚が生み出す完全なる神の世界が、現実観察によって次第に修正されていく、悪く言えば堕落していく、そこに科学の向から先が読み取れると想定するのである。

ニュートンはこうして、重力という神の力を組み込んだ機械論的世界を構想し、それを数学という言語で完全に記述できるようにした。まさにギルバート、ケプラーの世界と、ガリレイ、デカルトの世界が統合されたのである。ここにおいて、人類は史上はじめて、世界のあらゆる物質現象、それこそ天体からリンゴまでのあらゆる物質現象を一括して定量的に記述することのできる手段を手に入れた。

ニュートン力学は、この不可思議なる万有引力の法則により、重力の作用に関しては完璧に整備された力学体系を作り出したのだが、ではギルバートが問題にした磁力はどうなったのか。磁力は、我々の日常を超えた不思議現象と考えられていたが、それをギルバートは地球の持つ基本特性として採用した。地球は磁石だと喝破したのである。ケプラーは、その磁力が地球のみならず全ての天体にそなわっており、それが天体同士を引き付けていると考えた。しかしその磁力とは別に、太陽が発する運動霊の力があり、これは磁力とは逆に、天体を突き動かす。このふたつの力のバランスが惑星の楕円軌道を生み出すのである。それがニュートンになると、天体の磁力だの、太陽の運動霊だのといった別個の力の存在は否定され、重力というただ一種類の遠隔力によって物体の運動は規定されているということになったのである。

したがってニュートン力学からは磁力は放り出されてしまった。ニュートンは磁力には興味を持っていない。彼は「磁気発散気」という物質が磁力の原因であり、それが移動していくことで磁力が伝播するという、きわめて稚拙な機械論的モデルしか示していない。重力に関してあれほどエレガントな体系を作ったニュートンが、磁力に関しては「なにか気体のようなものが原因だろう」といった気のない考察しか行っていない。おそらくニュートンにとっては、「万物が有する引力」こそが神の御業の証しであって、磁石などという例外的物体が持つ奇妙な変則的特性には神秘を感じなかったのであろう。磁力が重力と同じような遠隔力であり、重力と同レベルの科学的探求対象だということは、十八世紀のマイアーやクーロンの時代になってようやく理解されるようになってきたのである。

光と格闘する科学者たち

力は重力を軸として完全に体系化され、電気力および磁力は無視された。そして、この二種の他にもうひとつ、当時の科学者が取り扱いに難儀したものがあった。光である。光というものがなんらかの実体であることはすでにガリレイの時代から知られていた。磁力がずっと後の時代まで、怪しい霊力としてとらえられていたのとは対照的である。その理由は言うまでもなく光が「目に見える」からである。雲間から大地に射し降ろす日光の筋、宝石を通って照り輝く光線の渦、こういった日常の目に見える現象は、光という実体物があるという思いを人々に抱かせた。

もし光が実体のあるものなら、それは瞬間的に伝わる遠隔力とは違って、伝播するのに時間がかかるはずである。つまり光には決まった速度があるということになる。ガリレイはそう考えて、その速度を測ろうとした。遠隔力を認めなかったガリレイとしては当然の行動であろう。夜、ふたつの離れた丘の上に二人の人を立たせ、それぞれが手に持ったランプの光を合図にして、その合図が往復するのにかかる時間を測ろうとしたのである。秒速三十万キロの光の速度は、これでは計測できない。結局ガリレイの実験はうまくいかなかった。しかしその精神は受け継がれ、約七十年後の一六七六年、デンマークの天文学者レーマーが、木星とその衛星との位置関係から、秒速二十三万キロという数字を出した。この時代の精度としては素晴らしい数字である。

こうして、光とは実体のあるものだという共通認識はできたのだが、その本性については、波動説と粒子説の二説があった。秒速三十万キロで一体何が伝わるのか。波なのか粒なのか。ホイヘンスやフックは波だと考えた。そして波を伝える媒体としてエーテルという仮想の物体を想定した（エーテルの最初の発案者はデカルトである）。光という実体があるのではなく、エーテルの振動という現象がすなわち光なのだと考えたのである。エーテルが全空間に充満しているため、光はどこまでも伝わるのである。

ニュートンはどう考えたか。彼は一七〇四年、『光学』という本を出版し、光の粒子説を提唱した。ニュートンもエーテルの存在は認めていたのだが、そのエーテルとは別に、光という実体が存在し、それがエーテル空間の中を実際に移動していくと考えた。ニュートンはその光という実体を「粒子」と呼んでいるわけではないが、理屈としては光を粒子として見るのと同じことになる。この説を承認すれば、光も物体の一種となるから、ニュートン力学を用いて記述できるということになる。したがって、ニュートン力学によって光の問題はすべて解決したことになる。ニュートンとしては当然、そういう方向を望んだのであろう。

この波動説と粒子説、はじめはニュートンの粒子説が優勢であったが、一八〇〇年代初頭、ヤングによって波動説を示す決定的な証明が示され、波動説に軍配が上がった。しかしそれもやがてアインシュタインたちによって波動─粒子二重説へと移っていく。それについては後で述べる。いま重要なのは、ニュートンの時代、すでに光は、特定の速度で伝わる物質的現象であることが皆に承認されていたという事実である。

この時代、ニュートンの頭の中で、光・磁力・重力はそれぞれ全く次元の異なる概念でとらえられていたことになる。光は飛び交う粒子の束、磁力はなにか気体のようなもの、そして重力は神の御業として瞬時に伝わる遠隔力である。

光が、重力のような瞬時に伝わる遠隔力ではなく、時間をかけて空間を進んでいくものであるなら、遠い距離を進むには、それだけ長い時間がかかるということになる。そうすると、今では誰もが分かっていることだが、我々が遠い所の物を見た時、見える姿は、その時刻の姿ではなく、光が到達するのにかかった時間の分だけ昔の姿だということになる。「三万光年離れた星を観察する時、そこに見えるのは三万年前の星の姿なのです」といった具合である。

別に望遠鏡を覗かなくても、学校のクラスにいても状況は同じである。クラスを見渡して、向こうの窓際に座っている田中君と、隣に座っている山本さんでは、私からの距離が違っているのだから、私が見ている田中君と山本さんの姿は同じ時刻の姿ではない。遠くにいる田中君の姿の方が山本さんの姿よりも昔のものであり、少し若く見えていることになる。しかし我々の頭脳は、そういった時間的なずれを認識する機能を持っていないので、視覚の作るイメージを同時刻の一元的なものとしてとらえるのである。

光が特定の速度で進む実体物だと考えるなら、このような時間的ずれを含む世界観に行き着くのは全く自然なことであり、それを当時の先端科学者たちが見逃すはずはない。光が特定の速度で進むものなら、目に映る世界の姿は、異なる時刻に存在する様々な物体の連続集合になるということは、考えれば分かることである。それなのにそれが力学体系には全く反映されていない。ニュートン力学では、宇宙のすべての物体を、ある時刻に同時存在するものと想定して、その関係を記述していくのである。

それはなぜか。理由はすでに述べた。当時の力学体系が解明しようとしていたのが、人間が人間の目で見て認識する世界の姿ではなく、全知なる神が創りたもうた世界を、その神の視点で見渡した場合の姿だったからである。ニュートン力学が示している世界像は、全知なる神が宇宙を上から俯瞰《ふかん》している場合の姿である。ニュートンに議論をふっかけてみたらなんと答えただろう。錬金術で水銀を吸い過ぎたせいか、すっかり人間味をなくしてしまって、世にもいやらしい邪悪な人物になり果てたニュートン卿に向かって次のように尋ねたら、どんな顔をされるだろう。

「光を使わなくても、瞬時に宇宙の全体像を見ることのできる神の立場なら、あなたの力学体系でいいのでしょうが、我々人間は、現象が光よりも速く進むのを認識することができません。なぜなら、五感を生み出す媒体のうちで最も速いのが光であり、それ以上のスピードで起こる現象の間に因果関係を読み取ることができないからです。目で見て認識できる世界こそが我々にとっての真の世界であり、その人間の立場に立って世界を記述するのが科学の意味ではありませんか。ですから真の力学体系を作ろうとするなら、必ず光の速度による、因果関係の制限が必要になるはずです。光速が数式の中に必ず現れるはずです。その点を補正するおつもりはありませんか」

なぐられはしないだろうが、「ふん」と言って無視されるか、あるいは次のように言い返されるのではないだろうか。「私は神の創りたもうた世界の構造を解明したのである。そこには一点の曇りもなく、神の崇高さが見て取れるではないか。引力の法則によって華麗荘厳に展開していくこの宇宙の姿のなにが不満なのか。それをわざわざ人間の卑小な視点から眺めなおす必要など一体どこにある。君は、神の世界を目指して飛び立とうとする科学の足を引っ張るのか、君は悪魔か」とまあ、この程度ですめば御の字であろう。

光は粒子か波か

完結した力学体系の中に組み込まれた特定の物体として光というものが存在する一方、そういった美麗な法則性の世界を乱す邪魔者として、電気力とか磁力といったわけのわからない現象が存在している。これがニュートンの世界像である。もちろん重力は、その力学体系の基盤となる、神の御業としての不思議な遠隔力である。先にも言ったように、この世界観のうち、「光は粒子という物体だ」という部分が一八〇〇年代初頭のヤングの実験によってひっくり返る。有名な二重スリット実験による干渉現象の観測である。この二重スリット実験は、このあとの量子力学でも重要なものとなるので、図を示しておく。

左側に光源がある。右側には、スクリーンがある。そして両者の中間には板が置いてあるが、そこには二本のスリット（細い隙間）があけてある。光源から出た光は、そのふたつのスリットを通って、一番右に置いてあるスクリーンまで進み、そこを照らすことになる。

もし光がニュートンの考えたような粒子状の物体ならば、光源から飛び出たたくさんの光の粒子が途中の板にぶつかり、そのうちたまたまふたつのスリットのどちらかをうまく通り抜けた粒子だけがスクリーンまで飛んでいって、そこを照らすということになる。したがってその場合には、スクリーンにできる図形は、それぞれのスリットから飛んできた粒子が作る図形を単純に重ねただけのものとなる。それは、中心が一番明るくて、外側へ

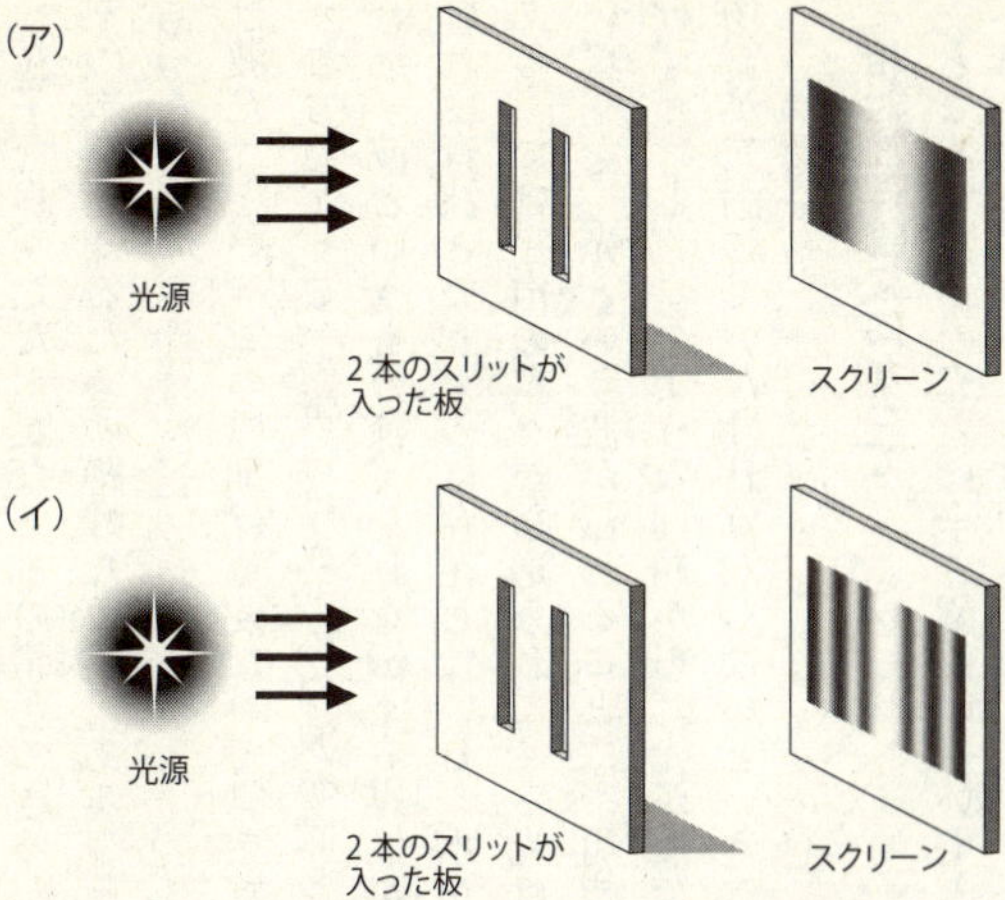

図1　ヤングの実験。光は干渉し合い、縞模様が現れる（イ）

いくにつれて少しずつ暗くなっていく一本の連続した帯である（図1―ア）。

一方、もしも光が波ならば、結果は違ってくる。波というのは一個の独立した物体ではなくて、空間にひろく広がる振動現象であるから、スリットがふたつあると、その両方を同時に通過していく。スリットを通過した波は、そのスリット部分を新たな出発点として再び同心円状の波になって広がるのだが、ふたつのスリットから出たふたつの波が重なると、波独特の現象として干渉が起こる。ふたつの波の山と山が重なるところは一層高くなり、谷と谷が重なるところは一層低くなるので、そこにくっきりした縞模様の状態が生じるのである。したがってもしも光が波なら、スクリーンには縞模様が浮かび上がるはずである（図1―イ）。

粒子なら、なだらかな一本の帯ができるし、波ならば縞模様になる。光が粒子か波か、その本質を知るための絶妙な実験である。そして天才ヤングのこの実験の結果は縞模様であった。光の本性は波だったのである。「二重スリット実験で縞模様が現れたなら、それは波だ」というこの原則は重要なので覚えておいていただきたい。

こうして、「この世には光という波が満ち満ちている」というホイヘンスの説が確認された。波というものは、それを伝える媒体がなければ存在することができない。空気がなければ音波というものは存在しないし、水がなければ大波小波が存在しないようなものである。では宇宙の星々から送られてくる光は、一体なにを媒体にしているのか。なにもない真空を、光という波が伝わることは不可能ではないか。真空にも光を伝える媒体があるはずだ。と、このような理屈から、光が波である以上は、真空中にもエーテルと呼ばれる物質が充満していなければならないということになるのである。

相対性理論に向かって

ところで、この光とは全く関係のないものとして、電気力・磁力という始末に負えないものが相変わらず科学者たちの頭を悩ませていたが、やがて産業革命のおかげで精密な実験機器が造られるようになり、このふたつの不可思議現象も次第に解明されていった。フランクリン、ヴォルタ、ファラデーといった有名な科学者たちの活躍時期である。

電気力・磁力の特性が徐々に解明されていくと、それがただ単に空間を伝わるなにかの気体であるとか、あるいは直線的な遠隔力であるといったイメージはぬぐい去られた。代わりに現れてきたのは、空間中に「そこに来たものを特定の方向に動かしてやろう」という潜在的な働きが生まれている状態、それが電気力や磁力の正体だとする考えである。場《ば》の概念である。磁石と砂鉄で描かれる図形がそれを表している。「そこに来たものを特定の方向に動かしてやろう」と待ちかまえている場のところに、砂鉄がやって来たので、砂鉄は、その場の示すとおりの特定の方向に並ぶのである。

ではその場という働きは、一体なにがうけ負っているのか。なにもない空間が、なにかの作用を受け持つというのはおかしな話である。そこで、またまたエーテルの登場となる。光の媒体であったエーテルが、電気力や磁力を伝える媒体でもあるということになってくるのである。また、それら電気力や磁力を時間的に変化させると、電磁波という波が起こることも確認された。光という波、電磁波という波、そしてその両方を伝達するエーテルという物質。次第に焦点が絞られてきた。

マックスウェルはこれらの情報を最終的にまとめ上げ、見事な電磁気学の体系に仕上げた。その中で得られた注目すべき事実は、光と電磁波が実は同じものであるということである。古代の人たちが、鉄を引き付ける磁石の不思議に目をみはってから幾千年、ついに電磁力と光の同一性がベールを脱いだ。それが一八七三年。アインシュタインの奇跡の年、一九〇五年に先立つこと、わずか三十年ちょっとである。

もう一度概観してみる。ニュートン力学がある。不可思議な遠隔力である重力を基盤として成り立つ機械論的宇宙である。光は有限速度で進む実体物であるということは分かっていたから、それを組み込めば、認識における時間差を考慮した体系になるはずであったが、神の視点から宇宙を記述するという当時の科学観にとってそういう思考は意味のないことであり、無視された。

しかし、時が経つにつれ、キリスト教をめぐる社会の観念は変化し、科学もまた神の視点を次第に離れ、人間認識を中心に現象を見るようになってきていた。フランス啓蒙思想などが原動力であろう。そうなると、ニュートンにはなかった視点、すなわち、我々人間が目で見る世界を記述しようとすることが、真の科学的態度だという視点が現れてくる。十九世紀後半、マッハたちが盛んに唱導していた新たな科学観である。

目で見る世界を記述するというのであるから、当然、光のふるまいが重要な要素となる。光のふるまいを数学的に正しく記述できなければ、ニュートン力学に匹敵する完璧な体系は作れない。そしてその光の数学的記述方法を完成させたのがマックスウェルである。神の視点を捨て、人間の目で見た世界を記述しようという姿勢。電磁気学の完成による光の本性の発見と、その数学的取り扱い方法の解明。この二つの条件が揃ったとき、時代は当然のごとく、光を組み込んだ力学体系の成立を要請した。マックスウェルによる電磁気学の完成からわずか三十年の間に、特殊相対性理論が生まれるべき環境はすっかり整ったのである。

宇宙を数学で記述したアインシュタイン

特殊相対性理論発見の栄誉は、結局アインシュタインに輝いたが、ローレンツやポアンカレといった当代きっての科学者たちもぎりぎりのところまできていた。アインシュタインがすばらしいのは、エーテルという概念を捨ててしまったからである。宇宙空間にエーテルが充満しているとすると、そのエーテルが運動の絶対軸となる。つまり「エーテルに対して静止している者は絶対的に静止している者」であり、「エーテルに対して動いている者は、絶対的に動いている者」という、絶対の区別が起こってくるのである。これではまだ、神の視点から完全に離れていない。宇宙を眺める絶対者の視点で見るから、そのような区別が生じるのである。このエーテルの概念を取り去れば、すべての運動は完全に相対的となる。宇宙の中心に坐っている者など存在しないということになるのである。

こうしてアインシュタインは、人間の目で見た宇宙の姿を数学的に記述した最初の人物となった。彼の相対性理論において最も重要な概念が「観測者」であることがそれを物語っている。周知のごとく、特殊相対性理論では、運動系の状態によって時間や空間が伸び縮みする。我々の直覚は決してそのようなことを認めない。それはばかげた話である。しかし現実を観察すれば、いやでもその事実を認めねばならない。再び直覚は負けて、情報が勝つのである。こうして神の視点は捨てられた。科学は進歩し、そして堕落したのである。

ここで堕落というのは、決して客観的に見て劣悪なものになったという意味ではない。直覚が求める理想的な神の世界が次第に遠ざかっていって、手の届かないところへ行ってしまう、そしてその代わりに「世の真実は、人間という不完全な生き物の視点でしか現れてこない」という、ちょっと寂しい事実を受け入れざるを得なくなる、このような状況である。神の存在を拠り所として生きる人たちから言えば、それが堕落と映るのである。

私は、科学のパラダイムシフトがこのような方向に沿って進んでいると考える。神の視点が人間の視点に移っていくことを、自分の勝手な言い方で「科学の人間化」と呼び、それを堕落だと考える傾向を「下降感覚の原理」と呼んでいる。ただしここで注意しなければならないのは、神の視点というのが、もちろん実際の神を想定して言っているのではなく、我々が頭の中で常識的に最も端正で納得できる美しい形としてとらえている視点のことを指しているという点である。「神の世界はこうあるべし」というそのような見方のことである。先にも言ったように、脳の直覚が生み出す完全なる神の世界が、現実観察によって次第に修正されていく、それが「科学の人間化」なのである。

デカルトの立場からニュートン力学を見たとするなら、直覚の求める機械的宇宙観が否定され、重力という魔術的不可思議力を組み込んだ怪しい体系に取って代わられたという点では堕落であり、理屈では納得いかない重力という遠隔作用を、それが現実に見られるという理由で無条件で組み込んだという点では、人間化が一歩進んだということになる。そのニュートン力学が、現象認識の主体を神から人間に移すという衝撃的な操作によってもう一段人間化したのが特殊相対性理論なのである。

アインシュタインは、奇跡の年からさらに十年をかけて、今度は一般相対性理論を完成させた。これは、相対性のレベルをさらに高めて、等速直線運動をしている系だけでなく、加速運動をしている系同士の相対性までも論証したものである。そしてその数学的帰結として、重力という遠隔力が、実は時空間のねじれによって引き起こされる一種の場であることが示された。特殊相対性理論では、ごく常識的なものと考えられていた時空間の構造が、実際には非ユークリッド幾何学にしたがうものであり、しかもそれが複雑にゆがみねじれており、その全体がこの宇宙を形成しているという、全く新たな世界像が生み出されたのである。瞬時に伝わる遠隔力としての重力という、ニュートンが導入した不思議な作用は一般相対性理論によって否定されたが、それに代わって導入されたのは、時空のゆがみによって生ずる近接力という、いっそう非日常的で想像困難な概念であった。ここでもやはり、直覚が負けて外部情報の不可思議が承認されたことになる。ニュートン力学の世界を、まったく当たり前のものとして受け入れている我々が、相対性理論の語る世界に対して情緒的違和感を感じるのが、そのなによりの証拠である。

ニュートン力学の神の視点を、人間の視点に移し替えることで、相対性理論は新たなパラダイムとなった。その場合の人間の視点とは、人間それぞれが自分を中心にして時間と空間の基点を定めており、それは光という特定の媒介を用いた認識によって決定されるというものである。絶対空間・絶対時間の中で瞬時に現象を認識するというニュートン力学の神の視点はもはや無意味なものとなった。それは我々が頭の中で想定する、理想的な神の世界であるが、そのような視点は現実にはあり得ないということがアインシュタインによって証明されたのである。

しかしながら、その相対性理論も、我々が現象を認識するという、その事実に関してはなんら疑念を持っていない。なにかが起これば、我々はそれをそのままに認識することができる。たとえ我々が認識していなくても、起こるべきことは起こっている。つまり、現象が起こっている外的世界と、それを認識する側の意識世界をはっきり区別し、転変する外的世界を、不変不動の意識世界が見るという構図を想定しているのである。

これはまったく当たり前のように思える。私がいようがいまいが、世界は同じ規則性で動いており、それをたまたま今、観客席に座った私が見ているのである。私がそこで居眠りしようが、途中で席を立とうが、世界は変わることなく動いていく。それが「私が世界を見る」ということの本質である。このような考えは、ニュートン力学でも相対性理論でも同じである。そして我々は常識としてそれを当然のことと考える。

しかしニュートン力学にせよ、相対性理論にせよ、世界のありさまを正しく記述する理論は、いつも我々の常識を裏切りながら誕生してきたことに注意せよ。魔術的遠隔力としての重力や、時間・空間の概念を覆す相対的時空間の登場は、我々の脳に薄気味悪い不協和音をもたらす。「そんなばかな」というのが第一印象である。しかしそれでも、それが現実世界を正しく記述するという観察の結果が、その非常識を無理矢理我々に納得させるのである。

我々の頭脳が常識的合理性と考えるものを、我々は最も端正で美しいと考える。その根底には「私という絶対的な存在があり、その私が見ている世界には間違いや曖昧さはない」という自己信頼がある。西欧の一神教世界では、その視点がそのまま神の視点ともっているから、神という絶対存在から見た世界の客観的ありさまを正しく記述するのが科学の目的だ、ということになるのである。

しかしその一端は相対性理論によって大きく崩れた。人間化が一歩進んだのである。そしてさらに、現象認識の確実性というもう一方の柱も、時を同じくして崩れはじめることになる。客観的に存在する外的世界を、私が観客として眺めているという構図が根底から覆りはじめるのである。

とびとびの値でエネルギーが存在!?

量子論の生みの親はプランクである。一九〇〇年の彼の論文が、量子化されたエネルギーというアイデアを史上はじめて世に送り出した。それまではエネルギーとは流れる水のようなものであって、状況に応じてどんな量のエネルギーでも、自由に移し替えることができると考えられていた。しかし、黒体輻射《こくたいふくしゃ》という重要な物理現象を数学的に表そうとする時に、どうしてもそのような考えではうまくいかないことが分かってきて、悩み抜いた末、プランクはやけくそで「エネルギーはとびとびでしか移らない」と仮定してみた。するとたんに問題はすっきり解けてしまったのである。

プランクは自分の仕事の結果が納得できなくて、なんとか工夫すれば「とびとび説」を回避できるのではないかといろいろ考えるのだが、現実世界は、どうしても「とびとび説」でなければならないと不合理を押しつけてくる。またまた不合理の押しつけである。そして、再び人間化のチャンピオン、アインシュタインの登場となる。年も特殊相対性理論発表と同じ一九〇五年である。

アインシュタインはこの年、特殊相対性理論、光量子仮説、そしてブラウン運動による原子・分子の存在証明という歴史に残る大論文を三つ続けて発表している。この「奇跡の年」のことを思うと、私などすっかり興奮状態になってしまって、忘我の境地の中で「次に生まれたら絶対物理学者になるぞ」と誓うのだが、ふとそのあと我に返って「でもアインシュタイン並の才能がなくちゃね」とがっくりするのが常である。

ともかく、アインシュタインはこの年の論文で、プランクの量子仮説を延長して、電磁波（光）がとびとびのエネルギーでしか伝わらないという説を提示した。

先に光の研究史について語った際、ニュートンによる粒子説が否定された後、光の本質は波だという波動説が学界の定説になったということを言った。実際、プランクの一九〇〇年の論文を見ても、確かに電磁波のエネルギーが「とびとびに伝わる」とはしているものの、あくまでその本質は波である。波なのにとびとびだからプランクはそれが気に入らなかったのである。それをアインシュタインは素直に「実験結果が電磁波のエネルギーはとびとびに伝わると言っているのだから、それはとびとびなのだ。つまり電磁波は粒子のように伝わるものなのだ」と言ってしまった。波だという証拠がいろいろ出揃っているのに、「粒子だ」と言う、そこにアインシュタインの天才を感じる。

こうして、波動説と粒子説を両方認めねばならないことになった。そして、エネルギーは特定の量を単位として伝わるという量子論が、徐々にその恐るべき姿を顕しはじめるのである。

この段階で、この量子論が物理学的にどれほどの重要性を持っているのか、予見できた者はいなかった。また、いま問題にしている、科学の人間化という立場から見ても、それがどのような意味で人間化に関わっているのか明確に言うことはできない。せいぜいが、「エネルギーはスムーズに転移するものだと考えていた人間の直覚に反する観察結果が出た」といった程度である。しかし、そのあと次第に明らかになるように、量子論こそは、科学の人間化を押し進める最大の一撃となるものだった。それは実際、相対性理論以上に強い衝撃力を持っていたのである。

アインシュタインの論文をきっかけとして、エネルギーは量子単位でとびとびにしか移らないという新たな知見が得られた。これを原子内部の電子の状態に適用して、原子の構造とその特性に関してスッキリと見事な体系を示してくれたのがボーアである。一九一〇年代のことである。私たちは中学の頃、原子核を中心にして、そのまわりを電子が回っている模式図を習った。電子が一個なら水素、ふたつならヘリウムという具合である。そしてその電子が回っている軌道はあらかじめ決められていた。電子は好き勝手な場所をうろうろするのではなく、はじめから決まっている円形軌道におとなしく順番に下の方から入っていく。そしてそこでおとなしく一つの軌道をぐるぐると回り続ける。このようなイメージを初めて示したのが、この時のボーアなのである。

軌道から軌道へ、電子は時々ピョンと飛び移る、それがエネルギーのとびとびを表している。途中の中途半端な値を取ることができないから、ある状態から別の状態へと瞬時に飛び移るというのである。こうして、量子という考えは、我々の常識的合理性には反しているが、現実の観察結果と合致することから次第に受け入れられていった。

しかし、ニュートン力学や相対性理論のように、全体を漏れなく記述するための数学的体系がどうしても見つからない。科学者たちが集めてくるいろいろな実験結果を、ひとつ残らず矛盾なく説明できるような、数学的法則に集約できないのである。

今になって振り返れば、その原因は、新しい量子の世界を記述するためには新しい数学が必要であったのに、それを旧来の数学で書き表そうとしていた点にある。虚数i、すなわち二乗すると-1になるという数の概念が生み出されていない時代に方程式の根の公式を求めるようなものである。どうしても途中で行き詰まって、それから先、何をしたらよいのか分からなくなってしまう。iという概念が生まれ、それを扱うための数学的規則が確立して初めて、代数方程式は我々のコントロール下に入る。それと似た状況が一九一〇年から二〇年代の半ばまで続いたのである。

その間、ボーアをはじめとした世界の先端科学者たちは、この問題を解決するために随分苦労したが、それは一九二五年五月、ドイツの保養地ヘルゴラント島で報われることになった。病気療養のためにこの地を訪れていた若きハイゼンベルクが、天才の直感で、その数学を見つけ出したのである。それが、行列を内に含む量子数学という新しい形式の数学であった。この数学は、同時代の天才たち、すなわちディラック、ボルン、ヨルダン、パウリなどの手によって洗練されていったが、そこに現れ出たのは、単に形式が新しいだけでなく、指し示す世界像そのものが新しい、世にも奇妙な数学であった。それは、我々の常識とは全くかけはなれた世界を表している。まさに不可思議の世界である。それでも、現実を観測してきた結果が、その数学を我々に強制するのであるから、我々はそれを受け入れざるを得ない。それが科学の人間化が背負った宿命である。

ミクロの世界の驚くべき事実

ではその数学は、どこがどう不可思議なのか。光をはじめ、あらゆる素粒子が、波と粒子の二面性を持つということも、この数学から必然的に導かれる。しかし不可思議の本質はもっと深いところにある。この数学は、ものごとが起こる場合の、その観測点の状況だけを記述して、観測していない時の状況については一切説明を与えないのである。つまり、ある出来事があった時、その出来事が起こる前に「見た」時の状況と、起こった後に「見た」時の状況は分かるが、その間の、「見ていなかった」時間に何が起こったのかは一切不明というわけである。

常識で考えるなら、前と後のふたつの状況が分かっていれば、その間に何が起こったのかという問いに対しては「そのふたつの状況を結ぶような中間状態にあったでしょう」と答えることになる。では「中間状態ってなんですか」とさらに問われた時、ニュートン力学や相対性理論ならば、初めの状態の数値を方程式に入れて計算すれば、その後のどんな時間の状態でもきっちり決まった形で出てくるから、それらが「中間状態です」と言って示すことができる。

ところが量子数学では、その中間状態の計算が、きっちり決まって出てこない。茫漠としたつかみどころのない状態としてしか現れてこない。そこで、「じゃあ、中間状態を知るために、途中で一度観測してみよう」と考えて途中で観測すると、ちゃんと結果は出る。したがって、最初の状態があり、それがいま観測した中間状態になり、そしてそれから最後の状態へと進んでいった、とこう考えることができる。A↓Bという状態変化があり、その途中で何が起こっているのか知りたいと思った人が、途中で観測したところ、Xという結果が得られたので、「そうかそれなら、この出来事はA↓X↓Bという形で起こっているんだな」と推測するのである。

我々の直覚は、それを合理的判断として承認する。ところが、そうやって途中で一旦観測してXという結果を見てしまうと、その後の状態がBにはならないのである。観測したこと自体が、そのものの状態を変えてしまうからである。これは数学的にそうなのであって、単なる実験的事実ではない（もちろん実際の実験でもそうなる）。

ということは、A↓Bという現象の中間状態はXではないということになる。では中間状態はなんなのか。分からずじまいである。数学的には、いろいろ考えられる可能性が重なり合った状態だという。「可能性の重なり合った状態として物が存在している」。一体なんなんだ。我々の世界は、観測した時にだけ明確な姿を現すが、観測していない時にはなにがどうなっているのか分からない。それは「可能性の重なり合った状態として存在している」。これがほんとうの姿であり、それ以外にこの世界を理解する方法はない。それを受け入れよと言われたら、「不思議だが本当だ」と言って受け入れるしか仕方がない。

この量子論の不思議さを表す典型的な事例が、有名な二重スリット実験である。先にヤングの実験でわざわざ図を出したのは、ここでもう一度それを出して、その量子論的展開を示したかったからである（この図は、量子力学の不思議を語る時の必須アイテムである）。では、この世で最も不思議な出来事をご紹介しよう（図2）。

先のヤングの実験では、光を当てていたが、今回は電子を飛ばすことにする。光でも電子でも原理は同じなのでどっちでもいいのだが、「粒子を飛ばす」というイメージをつかみやすくするために、電子ということにしておく。

これを左側の発射装置から一粒ずつ飛ばすのである。一粒ずつという点に注意。その電子が右にあるスクリーンに当たると、当たったところがピカッと光る。これによって電子がどこに到着したかを知ることができるようになっている。途中の仕切り板には、ヤングの実験と同様、二本のスリットが入っている（ただし、これはあくまで模式的実験であって、実際には、はるかに複雑な装置が必要である）。

まず一個、電子を飛ばしてみよう。その電子は、うまくすればふたつのスリットのどち

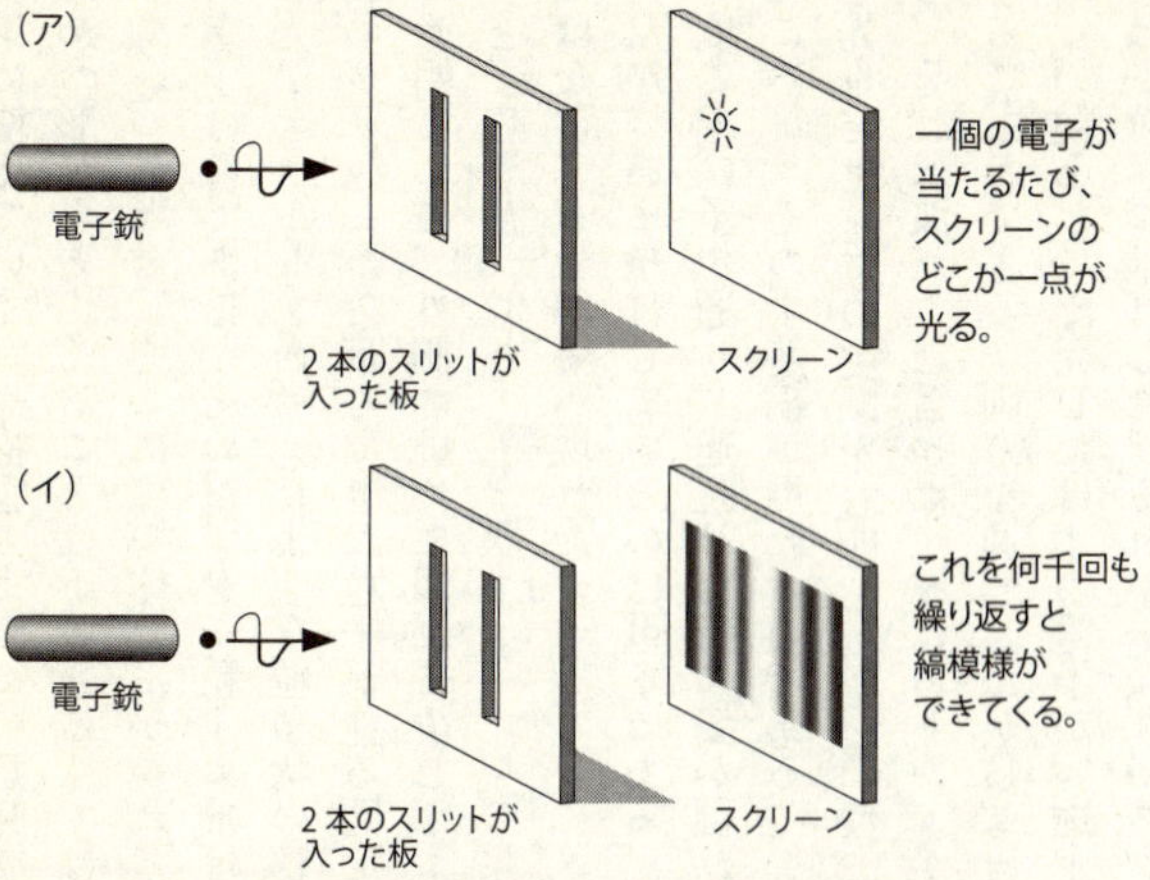

図2　一粒ずつ電子を飛ばしてもやがて縞模様ができる

らかを通り抜けてスクリーンまで飛んでいく。その場合は、スクリーンのどこか一点がピカッと光る。「おっ、スリットをすりぬけて電子が来たぞ」ということは分かるが、それがどちらのスリットを通って来たのかまでは分からない。

運の悪い電子は、途中の仕切り板にぶつかって跳ね返されてしまい、スリットを通り抜けることができない。そのまま行方不明となる。その場合はもちろんスクリーンは光らない。

こうして何度も何度も繰り返し電子を発射していくと、スクリーンのいろいろな場所が時々ピカリピカリと光っていく。光るたびにそこを白点でマーキングしておけば、そのドットの数は次第に増えていく。点描画のように、意味のない点であっても、その数が増すにつれてなにかの形が見えてくることはよくある。では、この実験でスクリーン上のドットの数が増えていった場合、そこには一体なにが現れるだろう。予想してみよう。

電子は粒である。その電子を一粒ずつ飛ばすのである。先のヤングの実験の箇所で、もし光がニュートンの考えたような粒子状の物体なら、スクリーンにできる図形は、それぞれのスリットから飛んできた粒子が作る図形を単純に重ねただけのもの、すなわち中心が一番明るくて、外側へいくにつれて少しずつ暗くなっていく一本の連続した帯になるだろうと予想した（37ページの図1-ア）。しかし実際には光が波だったため、そのような結果にはならず、干渉縞が現れた。

だが、いま飛ばしているのは電子である。電子というのはれっきとした粒子なのだから、今度こそは予想通り、連続した帯の姿が現れるに違いない。干渉縞など現れたら大変だ。

ところが、その干渉縞が現れるのである。

先ほどヤングの実験を説明した際に、「二本のスリットを通ったものが干渉縞を作るなら、それは波だ」と言った。波はスリットがふたつあいていれば、その両方を同時に通過することができる。両方を通過したからこそ、それが後で重なり合って干渉縞を作るのである。粒として出発したはずの電子が、途中で波になったのである。もう一度言うが、電子は一粒ずつ飛ばした。それが一粒ずつスクリーンにぶつかった。その行程を何度も何度も繰り返し、そのスクリーン上の痕跡を全部まとめて眺めたら、干渉縞になっていたのである。

これは何を意味しているのか。何百何千という数の電子が、はじめから縞模様の形になって一挙にスクリーンにぶつかり、縞模様を作ったのではない。電子は一個ずつ飛んでいって、一個ずつスクリーンにぶつかったのである。その痕跡を一個ごとにドットでマーキングしていって、できあがった点描画を眺めたら、きれいな縞模様になっていたということである。

このことが意味しているのは、電子一個一個が、それ自体として波の性格を持っているという事実である。左側の発生源から飛び出したひとつの電子は、スリットのある仕切り板を通過している間は波になっている。波だからそれはふたつのスリットを両方とも通過し、通過した後は重ね合わさって干渉波になる。それが右のスクリーンに到達すると、再び粒子の姿となって一点を光らせる。その一点とは、干渉波の波形に応じた特定の確率によって定められる一点である。つまり、干渉波の状態でスクリーンに到達した電子が、そこで一粒の粒子に姿を変える時、それがどこに姿を現すかは、その干渉波の波形に対応するということである。

干渉波の高い山や深い谷の部分は、それだけ「電子の存在する可能性の高さ」と強く対応しているから、そこに電子が現れる確率は高くなる。一方、干渉波の高さがプラスマイナスゼロとなる地点に電子が現れる可能性はない。このように、スクリーン上の電子がピカリと現れる時、その出現はでたらめなのではない。波となった電子がふたつのスリットによって二波に分かれ、それが再び重なり合う時に作る干渉波の形にしたがって、現れる可能性のある特定の領域の中の一点として現れるのである。一粒の電子が波としてスリットを通ったからこそ、このような結果が生じるのである。

こんなふうに考えるとよい。電子は干渉波としてスクリーンにやってくる。しかしそれが実際にスクリーンにぶつかった時には、波の姿をさっと消して、一個の粒子となり、スクリーンの一点だけを光らせる。そこで、干渉波としてやってきた電子が、粒子に変身せず、波のままでスクリーンに焼き付いたと仮定してみよう。それは、おおまかに言えば（あくまでおおまかだが）、ヤングの実験で現れたのと同じような縞模様である。その縞模様が表しているのは、波としての電子がスクリーンにぶつかった時、どこに出現するかという可能性である。たとえば真ん中の一番濃い縞に出現する確率は50％、その両側の、ちょっと薄い縞は30％、そのまた両側なら15％といった具合である。そして、実際に電子が粒子となってスクリーンを光らせる場合、この確率に沿って光るのである。したがってスクリーンが百回光ったとしたら、そのうちの五十回は真ん中の縞で光るし、三十回はその両側の縞のどちらかで光るということである。確率がゼロの領域で光ることは決してない。一個一個の電子だけを見ていたのではこのからくりは分からないが、何百回何千回と電子を飛ばしていくうちに、その後ろにある本当の意味が見えてくる。自然界の点描画はまことに不可思議である。

先のヤングの実験では、一回光を当てただけでスクリーンに干渉縞が現れた。ところが私は今、何回も電子を繰り返しぶつけているうちに干渉縞が見えてくると言った。それなら光と電子は違うではないか。と、このような疑問が生じてくるかもしれないが、実際は同じなのである。

ヤングの実験の場合、光源（当時ならランプとかロウソク）からは一時に膨大な数の光の粒が飛び出している。そこが今の電子を使った実験との違いである。アインシュタインが示したように、光は粒子として扱うこともできる。したがって光を一粒ずつ飛ばすことも可能である。その場合は、電子を一個ずつ飛ばすのと全く同じことが起きる。一粒の光の粒子（それはとてつもなく弱い光だが）は、二本のスリットを通過して、スクリーンのどこか一点だけを光らせる。それだけならどうということはないが、これを何百回、何千回と繰り返すと、そこにはきれいな干渉縞の模様が現れてくる。電子の場合と全く同じである。ヤングの実験では、膨大な数の光の粒子が一斉に飛び出し、一斉にスクリーンにぶつかるので、その結果は、この何百回、何千回という繰り返し実験を一度にまとめてやってしまったのと同じになる。したがってそこには最初からきれいな干渉縞が観察されるのである。

光でも電子でも、もっと極端に言うと、どんなものでも、このように粒子と波の両面性を持っている。「本当はどっちなんですか」と尋ねても答えはない。観測の状況に応じて、粒子のように現れたり波のように見えたりするが、観測していない時にどのような状態でいるのか、それは決して分からない。不可知なのである。我々は、我々自身が観測していない時の世界の姿を知ることも、想像することもできないのである。

素粒子は意思を持つのか

これで驚いてはいけない。二重スリット実験の真の恐ろしさはここからである。今の実験では電子がふたつのスリットのどちらを通過したかは全く分からなかった。干渉が起こったのだから、波のように両方を通過したのだろう。そうとしか考えようがない。では一度確かめてみよう。仕切り板のふたつのスリットのそれぞれにセンサーを取り付けて、そこを電子が通過したかどうかを実際に測定するのである。スリットAのところで電子が感知されたら赤ランプ、スリットBで感知されたら青ランプが灯るようにしておくと、きれいで楽しい。測定はしても、そこで電子を止めてしまうわけではないので、スリットを通過した電子はそのままスクリーンに向かって飛び続ける。途中のスリットのところに測定装置を取り付けたという点だけが、前の実験との違いである（図3）。

さて、そうやっておいて電子を一個ずつ打ち出したらどうなるだろうか。ランプは光る。しかしそれは、赤青同時ではない。ランプが光る時、それは必ず赤か青のどちらか一方に

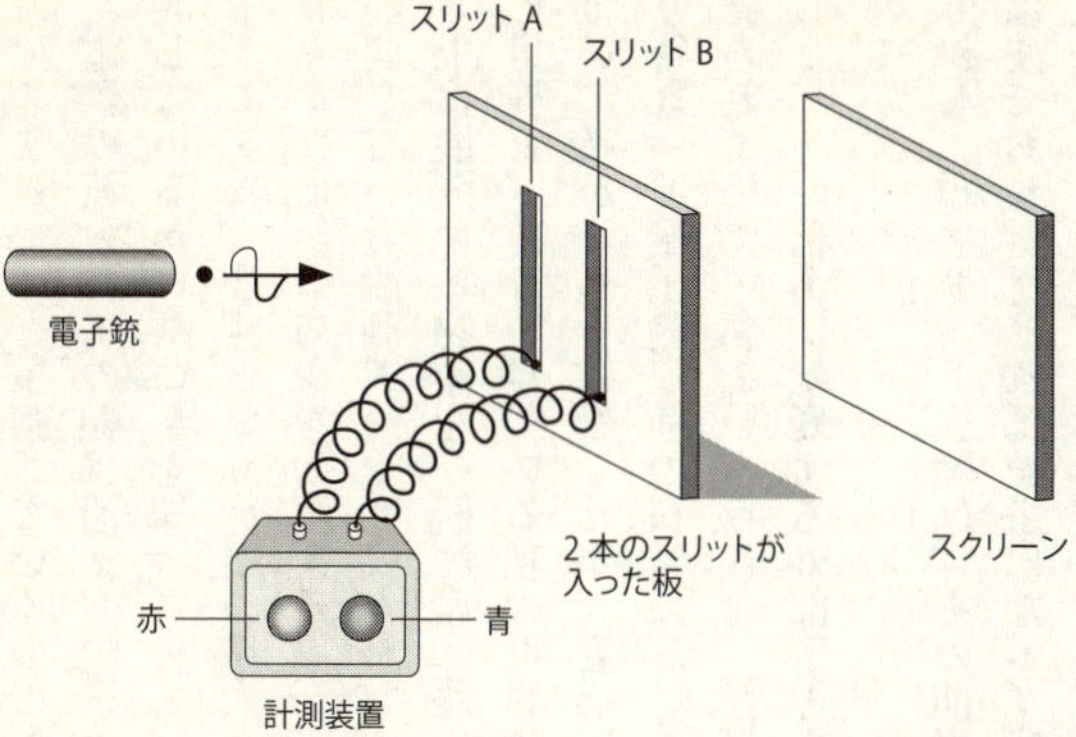

図3　計測装置を取り付けると、スクリーンに現れる画像が異なってしまう！

限られる。「おおっ、それならやっぱり電子は粒ではないか。もし波ならばA、Bの両方を通るはずなのに、どちらか一方しか通らないことがはっきりした以上、それは粒子に違いない。でもそれなら、なぜスクリーンにシマシマ模様が現れるのだろう」といぶかりながら、次々に飛んでいく電子がスクリーン上に作り出した図形を見たとたん、我々の目はテンになってしまう。そこに現れるのは、先の実験で出現したようなシマシマの干渉模様ではない。我々が目にするのは図1―アのような、一本の連続した帯である。これは電子が波ではなく粒子であることを示す証拠である。

先の実験と同じルートを、同じ状況で飛んできた電子が、今回は「僕たち、粒子として飛んできました」と主張しているのである。我々がスリットに測定装置を取り付けただけで、電子の波としての顔は消え、粒子の顔が現れてくる。電子は、我々がスリット部分で観測しているかいないかを知っていて、それに応じて違った顔を使い分けているように見える。ここに、観測という行為の重大性が現れている。

我々がなにかの対象を観測する場合、常識的に考えれば、観測対象があり、それを外から観測している観測者つまり我々がいるという二重構造を想定している。映画館のスクリーン上に展開する物語を、観客席に座った私が見ているようなものである。スクリーンの中の世界と、それを見ている私の世界は全く切り離されており、お互いに影響し合うことなどはない。私がくしゃみをしたからといって、映画のストーリーが変わってしまうことなどあり得ない。量子論以前の科学においても、観測という行為は、このようなイメージでとらえられていた。私という存在は、観測対象とは無関係なところに確定した状態で存在しており、その私が、転変する外部世界を客観的に観察することができると想定していたのである。

しかし二重スリット実験は、その前提を打ち砕いてしまう。測定装置を付けなければ電子は波であり、付ければ粒子になる。我々が行う観測という行為に応じて、世界のありさまが変わってくる。世界は、我々が何をどう観測するかというそのやり方に応じて、様々な顔を見せるのである。「それはなぜだ」と問われても答えはない。数学的に説明することはできる。しかし「なぜ世の中は、他の形ではなく、このような形で存在しているのか」と尋ねても、誰も答えてはくれない。

物事は確率でしか予測できない

ここまでくれば、量子論が科学の人間化にどれほど大きな働きを持つものか理解できるであろう。それは、我々がものを見る、観察するという行為を不確定にしてしまった。なにかはっきりと確定した世界があって、それが我々の落ち度のせいでうまく見えないというわけではない。世界はどんなに精密に、まっとうに観察しても、本質的に不確定なのである。それがどう見えるかは、我々観測者側のあり方が決めることなのである。

このような不確定な世界を、それでもなんとか因果律で縛ろうとすると、その記述方法は確率的にならざるを得ない。以前なら「点Aにある電子が一秒後に点Bに移動した」と言えたものが、量子論に従えば「確率40%で点Aにある電子が、一秒後に点Bに存在している確率は30%である」といった言い方しかできなくなった。これ以上正確に世界を記述することはできない。つまり、世の物事はすべて、確率的な存在だということになる。

デカルトが聞いたら烈火のごとく怒り出すであろう。「神の創りたもうた、機械仕掛けのように精密であるはずの世界を、わけのわからない幽霊のようなものだとは、そんな邪説が受け入れられるか」と言うかもしれない。

ニュートンも怒るだろう。「私の作った力学体系では、物事の動きは永遠の時を超えて計算可能である。すべての物体の動きは神の定められた引力の法則によって明確に記述できる。すべての存在は明確なのだ。それをつかみどころのない薄闇のような世界に引きずりおろすとは何事か」。

そしてアインシュタインは本当に怒ったのである。「世界の本質が、確率的存在であるなどと一体どうして認められようか。神はサイコロ遊びなどなさらない」と言って。

アインシュタインは量子論の成立に決定的役割を果たした主人公である。その彼が、後には量子論の解釈に徹底的に反対した。物体が量子的にふるまうことは認めるが、だからといって、その本質が量子論の言うような曖昧模糊とした存在であるはずはない。物はちゃんとしっかりした姿で存在しているし、現象ははっきりとした因果律によってただ一本の道を進んでいるに違いないと死ぬまで主張し続けた。そういった明確な存在が、なんらかの隠れた作用によって、量子論が示すような曖昧な姿で現れて見えるにすぎないというのである。

アインシュタインは、量子論が、世界を記述する第一等の理論であるとは考えていなかった。それは単なる便法であり、その背後には、真の世界像を示すもっとすぐれた理論があるはずだと信じ続けたのである。このアインシュタインに対しては、ボーア、ハイゼンベルク、パウリといったいわゆるコペンハーゲン解釈派と呼ばれる量子論の権威たちが頑強に反論し、その論争は決着を見なかった。

アインシュタインとコペンハーゲン解釈派の対立は、結局はうやむやのままで終わってしまいそうに見えたのだが、一九六四から六六年にかけてアイルランド人ベルが、両者の勝敗に決着をつけることのできる理論を見つけ出した。この時にまだ生存していたコペンハーゲン解釈の巨人はハイゼンベルクだけである。対するアインシュタインもすでに一九五五年に亡くなっていた。

決着をつけることのできる理論は分かっても、実際にそれを実験で確かめるのは難しかった。それが行われたのは一九八〇年代から一九九〇年代のことである。すでにハイゼンベルクもいない。三十年以上にわたるアインシュタインとコペンハーゲン解釈派の論争は、誰もいなくなった時に決着がついたのである。

結果はアインシュタインの負けであった。しかしそれは栄光ある敗北と呼んでいいのではないかと思う。彼が議論の中で持ち出してきた様々なアイデアは、それがまたそれぞれに重要な研究分野を生み出し、物理の発展を促した。それに第一、アインシュタイン完敗というわけでもない。このあと語る多世界解釈という別の考え方に依れば、コペンハーゲン解釈よりむしろアインシュタインの考えの方が妥当だと思われる点もあるからである。

ともかくここで、量子論という、科学史上特筆すべき人間化の巨大な一歩について振り返ってみよう。相対性理論は、時間と空間という我々にとっては最も基本的な環境が、我々の直覚に反して相対的なものであることを示した。しかもそれは質量のせいでねじれゆがんでいるという。しかしそれでも、その世界の中で展開する現象は、我々が頭の中で想定しているのと同様、因果律に基づいてまっすぐ一義的に進んでいくものであった。すべての存在は、はっきり決まった状態にあり、これからどうなるかもはっきり決まっているのである。

ところがこれを量子論が否定する。我々の住むこの世界は、可能性の重ね合わせであって、それ以上のものではない、そしてそれを観測する場合、対象のすべての状態を一義的に決定することは絶対に不可能だという。量子論は、我々が常識的に感じている、世界の厳密さというものを奪ってしまった。極端なイメージとしては、この世界は茫々とした不確定性の荒野であり、我々はそこをさまよう迷い人ということになる。我々には何一つ確実なものなど手に入らないのである。アインシュタインは、そこが納得できなかった。あくまで一義的な因果律の支配する明確な世界を追い求め、確率の支配する世界など信じられなかったのである。

デカルト、ニュートン、アインシュタイン。天才たちによって科学に内在する神の視点は次々に人間の視点へと移し替えられてきたが、それは同時に、彼らが後継者たちによって乗り越えられていく歴史でもある。アインシュタインが「神はサイコロ遊びをしない」

と言って、自説を神の立場に喩えているところが、その対立者として現れた量子論が、より人間の視点に立つ理論であることを示している。量子論によって物理の視点はいよいよ神の世界を離れ、人間を中心に据えたものへと移り変わった。そして、直覚が要求する、単一で合理的でエレガントな理想の世界はますます遠ざかり、不可思議が支配する不条理の世界へと堕落したのである（何度も言うが、堕落とは感覚の傾向であって劣悪化を意味するのではない）。

神の視点を排除し、科学は進展する

近世から現代に至る物理学の人間化という現象を見てきた。これにより、パラダイムシフトに一定の方向性を想定することができる。そこで応用問題として、これから先の物理の方向性について考えてみよう。

科学の人間化というものが一体どこまで進むのか、私には全く分からない。直覚の抵抗をすべて排して、外界観測が強制するあらゆる不思議を受け入れることのできる数学体系というものを果たして我々は作ることができるのだろうか。それは言い換えれば科学の終着点であるが、そういうことがあり得るのかどうか、私の頭では解答不能である。

そういった不可知な問題は棚上げにしておいて、現在のパラダイムである相対性理論や量子論が、この先どのように変更されていくのかを考えてみよう。相対性理論や量子論が変更されるなどと言うと「なんという恐ろしいことを言うのだ。相対論、量子論というのは完全な物理理論である。これが変更されるなんてあり得ないことである。これだから素人は困るんだ」とバカにされそうだが、素人には素人なりの「なにも失うものがない」という強みがあるから、一旦現代のパラダイムから外に抜け出して、客観的に眺めてみよう。

相対性理論は、現象観察の主体を神から人間に移し替えた。人間という特定の生物が、光を媒介として現象を観察する場合に現れる世界像を、ローレンツ変換や非ユークリッド幾何学などの新しい数学的武器を用いて記述したところに意味がある。

科学の人間化という動きは、既存の論理体系の中に含まれている神の視点、すなわち我々の脳が生み出す理想的な視点を排除して、現実観察がもたらす人間存在本来の視点に入れ替えることで進展する。絶対時間、絶対空間内部で、すべての事象を瞬間的にとらえることのできる存在を想定し、その者の視点から世界を見渡したのがニュートン力学であり、そういう存在を否定して、光を最速の認識媒体とする人間という生物の視点に立って、同じ世界を記述したのが相対性理論である。

もしその相対性理論がさらに人間化すると想定するなら、それは、相対性理論の中に残されている神の視点を探し出して排除し、人間の視点と入れ替えることで達成されるはずである。では相対性理論の中に神の視点はあるのだろうか。

ニュートン力学的な神の視点はもうない。この世を認識するのは神ではなく人間という特定の生物であり、物理学とは、その人間という生物の目で見た世界のありさまを数学的に記述する活動だと相対性理論は言う。まさしく人間の視点に立った見解である。しかし、我々が実際に世の中を見渡した時、果たしてこのような考えが最も現実に即したものと言えるだろうか。この世には人間以外にも様々な生物がおり、彼らは人間とは違った認識システムで世界を見ている。目のない生き物も多い。聴覚や触覚を最速の認識媒体とする生き物には、またそれぞれの物理世界があるはずである。

もしも物理学というものが、現実世界のありさまを、最も一般化した形で記述することを目的にするのなら、生物の認識システムの違いに左右されない、普遍的法則を探求すべきであろう。この立場から見ると、相対性理論にはまだ「人間を唯一の認識主体にする」という点で神の視点が残っている。

「人間を唯一の認識主体にするというのだから、それが人間化だろう。動物の視点まで含めろというのなら動物化じゃないか」と叱られそうだが、私が言っている人間化というのは、人間が脳の中で考える理想的合理体系を基点として、それが次第に現実観察の結果によって修正され、現実を正しく記述できる形に変移していくことを意味している。その最初の理想的合理体系を、近世ヨーロッパでは神の世界としてとらえていたから、神の視点が人間の視点に変移するという意味で人間化なのである。したがって、神の視点が人間の視点に変わり、それがさらに人間も含めたすべての認識者共通の視点に変わるという流れは、全体として人間化と呼ぶべきものなのである。

「物理学は人間固有の崇高な学問である。動物の物理学とはなんたることか。物理学を侮辱するのか」という声も聞こえそうだが、先にも言ったように、科学の人間化は、科学が堕落したという「下降の感覚」を伴う。したがってそのような批判が起こるのは当然であるし、それがまた、方向の正しさを示す裏づけにもなり得るのである。

人間以外の生物にも適用できる物理学と言ったが、別に「牛の物理学」だの「ゾウリムシの物理学」を作ると言っているわけではない。現在は不変の認識媒体として体系に組み込まれている「光」を相対化して、認識媒体パラメーターのひとつの場合として扱ったらどうかと言っているのである。その場合、もちろん単に光速Cを変数にするといった作業を意味するのではない。

物理学が大きなパラダイムシフトを迎えた時には、必ずそれに見合った新しい記述方法が必要とされてきた。相対性理論が必要としたのはローレンツ変換や非ユークリッド幾何学であった。もしも認識主体の幅を拡大するという新たなパラダイムシフトが起こり得るとしたなら、おそらく必要とされるのは、各認識媒体ごとに要求される因果律の成立要件を記述できるような方法であろう。たとえば、「音波を最速の認識媒体とする生物は、どのような物理体系を構築するか」といった視点で考察を進め、新しい数学的手法によってそれを一般化した形で、次世代の物理体系が構築できるのではないかと考えているのである。

そうやって人間の視点に立つ物理体系を相対化した時はじめて、その体系内部では説明できなかった事項、たとえば「なぜ光だけが特別なのか」といった疑問が、論理的に説明できるようになるだろう。ニュートン力学での重力が、相対性理論の出現によって「時空間のねじれ」という近接作用によって論理的に説明されたのと同じである。もちろんそれには、脳を中心とした認知科学の知見が必須となる。客観的物質世界をドライに記述するはずの物理学が、認知脳科学というきわめて人間くさい学問と共同戦線を張ることになる。ここには間違いなく、科学の人間化の着実な歩みが見て取れる。

ひとつだけ、具体例を挙げてみよう。「同時性」の問題である。よく知られているとおり、相対性理論は、事象の同時性の意味を考察するところから出発している。ふたつの現象が同時に起こる場合、それを「同時」と認識しているのは、あくまでその運動系にいる観測者だけであって、別の運動系にいる別の観測者から見ると、それが同時ではなく、別個の異なる時刻に起こった現象だと認識される。同時性という認識は、観測者の状況によって変化するものであって、この世に絶対的同時性などというものはない。この事実が特殊相対性理論の基本骨格となり、ひいては一般相対性理論への道を開いていったわけだが、ここに、さらなる人間化の鍵があるように思える。

私たちが現象を認識する場合の、その認識対象側の同時性に関しては、相対性理論が完全に記述している。なにがどのようになった場合、私たちはそれを「同時である」と認識し、どうなった場合「同時ではない」と認識するのか、それはすべて相対性理論で完璧に説明することができるのである。しかし、認識対象の側ではなく、認識する主体である私たちの側の同時性はどう考えるのか。外界からの刺激を眼などの感覚器官でキャッチし、その信号を脳に送り、脳内のさまざまな器官で情報を編集し、その結果として、ある特定の認識を感じ取っている私たちのこの肉体の、一体どこで「ふたつの現象は同時に起こった」とか「異なる時間に起こった」といったことが確認されているのだろうか。脳という、特定の体積を持った立体物の、どこか厳密に特定できる一点で、それが行われている、などというのはばかげた想定である。たぶん、この20センチ四方位の頭脳に収められた神経網の全体が相互作用する中で、同時性という概念は作り出されているに違いない。しかしそうだとすると、「私にとって、ふたつの現象は同時に起こった」と言った場合の、その「私」とは、空間上の一点ではなく、センチ単位でできているマクロな空間領域だ、ということになる。相対性理論に現れる「観察者」を、20センチ四方の、しかもそこに張り巡らされた網の目のような神経回路の作用によって同時性を認識する有機体として記述した例など、おそらくどこにもないだろうし、それがどういった物理学的結論をもたらすのか、想像もできない。しかしそれでも、世のありさまを厳密に正しく記述するのが物理学の仕事ならば、そういう状況で成立している同時性の概念も、物理的定則として記述できなくてはならないはずである。

もちろん、現状でそのようなことができるはずはない。「脳の働きを厳密な数式として物理法則に含み込むこと」など不可能である。しかしだからといって「それは無意味なアイデアだ」と退けることはできない。なぜならそれが、「人の視点で世界を見た場合の本当の在り方」であり、それを解明することが科学の目的だからである。ここには、これからの物理学が向かうひとつの方向性が現れているように思うのである。

現代科学のパラダイムのもう一本の柱である量子論に関しても、人間化の歩みは止まらない。実は量子論の場合、コペンハーゲン解釈を超えた新たな人間化のページはすでに開かれている。ただそれがまだ、一般に認知されていないのである。

ボーアを中心とするコペンハーゲン解釈は、量子論の基本テーゼとして絶大な影響力を持ってきたが、どうしてもうまく説明のつかないことがひとつあった。「波の収縮」という現象である。これが量子論の人間化の突破口となる。

先の二重スリットの実験を見て分かるように、打ち出された一個の電子が、ふたつのスリットを通って最終ゴールのスクリーンに向かう時、それが干渉を起こすことから、波として進んでいることが確認された。この「波としての電子」が何を意味しているのか、問うてはならない。それは現実の観察が、我々の直覚に対して強制してくる不合理なのである。重力を認め、時空のゆがみを認めてきたその勢いで、これもまた現実の世界の姿としてそのまま認めざるを得ないのである。しかしそれでも、なにか意味らしきものを設定したいと考えるのは人としての当然の思いである。コペンハーゲン解釈は、それを、一個の電子が持つ確率的性格の表れであると考えた。つまり電子は確率的存在であって、その確率の基となるのがこの波だと考えたのである。抽象と具象の接点におけるぎりぎりの曲芸だ。電子という一個の現実的存在が、確率的に現れると言っているのではない。電子とは、確率的存在そのものだというのである。アインシュタインもシュレーディンガーも、この考えを心底嫌ったが、他にどうしようもないということで、この解釈は、コペンハーゲン解釈として量子論の主流となり、今でも主流である。

量子論の悪夢「波の収縮」

しかし、このコペンハーゲン解釈ではどうしても説明できないことがある。発生源から飛び出した一個の電子が、波となってスクリーンに向かって飛んでいるとする（今回はスリットの入った仕切り板は置いてない）。コペンハーゲン解釈によれば、その電子は波の姿をとっており、その波の広がりがそのまま、一個の電子の存在を表している。一個の電子というより、一波の電子と言うべきだろう。

その波がスクリーンに到達する。その時に何が起こるのか。その電子をスクリーンで受け止めると、スクリーンには、どこかにポツンと一個光る点が現れる。そこが電子の当たった場所である。何が起こったのか。一点が光るのなら電子は一個の粒ではないか。もやもやした波としてやって来たはずの一波の電子が、スクリーンに当たったとたんに、一個の粒に変身してしまって、スクリーンのある一点にちょこんと鎮座ましますのである。大海原をはるか彼方からやって来た海の波が、海岸に打ち当たった瞬間に、一個の岩になってしまうようなものである。広い広い幅をもってやって来た海の波が、海岸に当たった瞬間、あるひとつの地点へシュウーッと収束して一個の岩に変わるという、なんとも理解しがたい不思議な現象、これを「波の収縮」という。量子論の数学をいくらひっくり返してみても、この現象を説明する理屈は見つからない。「波の収縮」は、量子論の悪夢である。

電子が波として記述できるということは量子論が言っていることである。それは我々の日常経験では認識できない概念だが、様々な物理的観測を説明するために天才たちが作り上げた最新の物理理論の必然的結果なのである。もし量子論が正しい科学理論ならば、世のあらゆる物理現象を正しく記述できなければならない。それができないなら、その理論はどこかが間違っている。

ところが、いま言ったように、きわめて基本的なところに説明不可能な現象が存在している。電子がスクリーンに当たった時、それが一個の粒として現れるというのは、現実世界の厳とした事実であるのに、その理由を量子論は説明できない。すべての物体には波と粒子の二面性があることはすでに述べたが、その二面性の変換の原理が全く説明できないということである。

量子論の解釈に反対したシュレーディンガーは、この点を攻撃した。当然のことである。量子論の記述する世界と、我々の実生活で観察される現実の事象がうまくつながらない。それは量子論が完全な理論ではないからだ。「波の収縮」を合理的に説明できない限り、量子論の正当性は認められない、という主張である。その分かりやすい思考実験が、有名な「シュレーディンガーの猫」であるが、わざわざ猫を出さなくても、普通の「電子飛ばし実験」でもその本質は理解できる。この「波の収縮」をどう解決するのか、それが現在でも議論の的になっている、量子論の重大問題なのである。

量子論が完成した一九二〇年代から三十年あまり、この問題は未解決のまま、様々な根拠のない説が並び立っていた。「波の収縮は、現実の物理現象ではなく、我々人間の意識の中の現象ではないか」という、分かったような分からないような見解を出している者が、すぐれた物理学者たちの中にさえいる。しかし、「波の収縮」は決して観測者の意識の問題ではない。それは客観的な現象なのである。それを示すために、またまた二重スリットに登場してもらおう。

59ページの図3で示したのと同じ、二重スリット実験で、実験しているのは山田博士(仮名)である。博士は、打ち出した電子が、ふたつのスリットA、Bのどちらを通るのか確認しようと思って、スリットに測定装置を取り付けた。電子が一個通過するたびに、それがふたつのスリットのどちらを通ったのか、分かるようになっているのである。

このような装置で実験すれば、途中のスリットで電子の位置を測定してしまうのだから、先にも説明したとおり、電子の干渉性は失われ、スクリーンにはシマシマ模様ではなく、単純に一本の帯模様が現れることになる。

コペンハーゲン解釈によれば、電子は波として伝わっているのだが、我々がなんらかの観測を行った時点で、その波が収縮を起こして一点に凝縮し、そこに一個の粒子としての電子が現れるのだという。スリットに測定装置が付いていなければ、電子はスクリーンに到着するまでの間、一切観測されることなく飛んで行くから、ずっと波のままである。だから途中の二重スリットを抜けてから干渉を起こすのである。

しかし途中のスリット部分で観測を行うと、その時点で波の収縮が起こり、電子は一個の粒子に変身する。そしてそこを出発点として改めてスクリーンまで波として伝わっていく。たとえば電子がスリットAで観測されたとすると、その電子はスリットAで一旦収縮し、そこを新たな出発点として再び波に変身するから、スリットBとは全く関わらない。スリットAから出た一波の電子がスクリーンまで飛んでいき、そこで収縮して粒子になるということだから、干渉すべき相手がないということになる。スリットで観測してしまうと、もう干渉が起こらない理由はここにある。この現象が、我々人間側の意識によって起こるものかどうかが論点である。

さてその山田博士であるが、実験の合間にたまたま行ったバーのホステスで、かわいいおでこのアイ子さんに一目惚れしてしまって、それからは研究そっちのけの盛り場通い。揚げ句の果てにサラ金で借金をこしらえて、取り立て逃れの居留守に夜逃げ。ついに行方不明となってしまった。大学の研究室には愛用の二重スリット実験装置が寂しげに主の帰りを待つばかり。

やがて行き方知れずの山田博士の後任として斎藤博士（仮名）が赴任してくる。斎藤博士は、残された実験装置を見て「これはなかなか精巧ないい装置だ。このまま利用してやろう」と考えて、早速実験にとりかかる。しかし斎藤博士は、山田博士がその装置のスリット部分に、電子がどちらのスリットを通過したか知るための計測装置を付けたということを知らない。したがって、実験すれば、スクリーンには干渉縞が現れるだろうと予想している。

さてそれでは、斎藤博士が実際に電子を一個ずつ打ち出してみた時、実験結果はどうなるだろう。もし一部の物理学者が言うように、「波の収縮」が観測者の意識の問題であるなら、電子がスリットを通過する時点で観測していた山田博士と、スクリーン到達時まで観測はしていないと思い込んでいる斎藤博士とでは、意識が違うのだから、その波の収縮状況に違いが生じてくるはずである。スクリーン到達時までなんの観測もしていないと思っている斎藤博士の実験では、干渉縞が現れるはずなのである。

しかしそんなことにはならない。斎藤博士の実験でも、山田博士と同様、干渉縞ではなくて、単純な一本の帯が描かれることになるのである。このことから「波の収縮」という現象は、意識の問題ではなく、現実の客観的現象であることが分かる。スリット部分に、電子の通過経路を測定する装置が付いていれば、その装置の存在を知っていようがいまいが、誰が実験しても結果は同じである。そこにはもはや干渉は現れない。

ところで、この思考実験は面白いことを教えてくれる。山田博士の装置を引き継いだ斎藤博士は、干渉縞が現れるだろうと予想して実験するのだが、予想に反して干渉は現れず、そこには単純な一本の帯が描かれることになる。斎藤博士はどう考えるだろうか。「この装置が普通の二重スリット実験装置なら、必ず干渉が現れるはずである。ところが今実験したら干渉が現れない。ということは、どこかに、電子の経路を途中で測定するような装置が設置されているに違いない。その装置が、途中で電子の経路を測定してしまうために、その時点で電子の波の状態が乱されてしまって、干渉が起こらなくなってしまったのだ」と推測するであろう。そして実験機械を詳しく調べた結果、夜逃げ前の山田博士が取り付けておいた測定装置を発見することになる。

つまり斎藤博士は、自分の実験結果によって、自分以外の誰かがその実験をなんらかの形で測定しているに違いないということを推測できるのである。これは言い換えれば、自分のところに送られてきた信号を、途中で誰かが盗聴したかどうかを、その信号自身によって知ることができるということである。どんなにこっそりと隠密に盗聴しても、盗聴したという事実が、その信号そのものに刻み込まれてしまうのだから隠しようがない。これこそが、究極の暗号理論である量子暗号論の基礎になる。実際には電磁波の偏光など、もっと複雑な手段が用いられるが、その原理はこの思考実験で尽くされている。量子論の世界は、知れば知るほど不思議な世界である。

ちょっと話がそれたが、「波の収縮」に戻る。その「波の収縮」という不可解な現象に新たな光明をもたらしたのは、エベレットという若き研究者であった。一九五七年のことである。

またまた「電子飛ばし実験」をしてみよう。今回も仕切り板はない。単純に発生源からスクリーンへ電子が飛んでいるだけである。その電子は波の状態で表される。より正確に言うなら、「様々な可能性が重ね合わさった状態」である。ここに間違いはない。では、その電子のまわりの世界はどうなっているだろうか。波として存在している電子の、そのまわりの世界は、どういう姿になっているのだろう。

もしも量子論以前の物理学ならば、このような質問はほとんど意味を持たない。電子という観測対象があり、それとは別個に観測する側の世界があって、両者は別々の世界である。客体と主体、相手と自分、この二分割はごく自然な区分けであって、そこにはなんの不自然さもない。確率の基となる重ね合わせの状態で電子があり、そのまわりには普通の世界が普通に存在していると考えるわけである。しかし今まで見てきた科学の歴史から分かるように、直覚の生み出す自然な思考が現実観察によって覆されていくところに科学の発展がある。

量子論は、観測という行為における、観測対象と観測者の関係を根本的に変えてしまった。両者は線を引いて区分けすることなどできない。観測というひとつの行為には、観測の対象と、観測者の両者が不可分のワンセットで含み込まれているのである。電子は重ね合わせの波の状態で存在していると言ったが、量子論の立場から言うと、観測対象と観測者を区分けすることはできず、全体がセットになって世界を作っているのだから、正確には、「電子および、そのまわりの世界は、可能性の重ね合わせの波として存在している」と言わねばならない。

では、電子のまわりの世界とは何を指すのか。文字通り、電子のまわりの世界である。実験装置も、その装置の傍に立っている私も、私が住んでいる日本全域もすべてが電子のまわりの世界である。結局「全宇宙」が電子のまわりの世界になる。電子一個が重ね合わせの波として存在している。それはとりもなおさず、この宇宙の存在すべてが重ね合わせの波として存在しているということである。その中には、観測者である私自身も含まれねばならない。それらすべてが、重ね合わせの波として存在しているのである。

実は、コペンハーゲン解釈は、ここまでは考えていない。観測者である私はあくまで一個の独立した存在であり、その私が、波で表される茫漠たる不確定の世界を観測しているというのが前提である。自分ははっきりと一義的に決まった存在であり、一方、観測対象の外界は確率でしか記述できない不確定の世界である。そうすると両方の世界の接点を設定することが難しくなる。その困難が波の収縮という不合理になって現れてくる。不確定の世界を確定世界につなぐという、しょせん不可能な企ての、すべてのしわ寄せがここにある。「不確定な波が、原因不明なまま、確定した一点に収縮する」というトリックが必要とされるのである。

ここに神の視点が残されていることは明白である。どれほど世界の不確定性が明らかになっても、それを観測している自分自身だけは、確定した、自己同一性を保持した絶対の存在だと思い込んでいる。それが、コペンハーゲン解釈の神の視点である。これを放棄するとどうなるか。自分という存在も、波のように茫漠とした一個の電子と同じだということになるだろう。それが量子論から得られる最も正統な解釈なのである。エベレットによって提出されたこの新しい解釈は「多世界解釈」と呼ばれている。現在、これを認める人もいるし認めない人も多い。しかし科学の人間化という視点から見れば、多世界解釈こそは、量子論が真のパラダイムとなるべき必須の理解法である。

うそのような本当の話、多世界解釈

多世界解釈によれば、波としてやって来た電子がスクリーンで粒子として光る時、波の収縮など起こっていない。では何が起こったのか。先の実験で、スクリーンのある点（Pとしよう）が光って、そこに電子が到着したことを私が確認したとしよう。それは点Pに到着した電子と、それを観測している私と、そしてその両者を取り巻いて存在している全宇宙とがワンセットになった世界である。しかしそれは無数にある可能性セットのひとつにすぎない。他にも点Q、R、S等々、電子が到着する可能性のあるすべての点について、そこに到着した電子と観測している私と、それを取り巻く宇宙のセットが存在していなければならない。世界は無数に分岐し、それに伴って私自身も分岐したのである。驚くなかれ、今の我々は無数に枝分かれした世界のひとつで生息している我々なのであって、他の世界には他の世界の我々がいるのである。

今、ひとつの量子的実験を行うことで世界が無数に分岐したわけだが、別に特別な実験を設定しなくても、重ね合わさった可能性の波がなんらかの原因によって分岐していくという現象はこの宇宙で時々刻々、それこそ至る所で起こっている。そのたびに世界は分岐していくのである。このような世界観の全体像をイメージするのはとても不可能だ。池の水面で、反射し、重なり合い、出会ってはまた分かれていく無数のさざ波が作り出す不可思議模様に喩えるのが関の山だろう。

これが多世界解釈である。うそのようなほんとの話。しかし、量子論の考えを素直にまっすぐ伸ばしていけば、この多世界解釈になる。量子論が発展して多世界解釈が生み出されたのではない。量子論とはもともと多世界理論なのである。

量子論は最初から、観測者の自己同一性がもはや成り立たないと語っていたのである。しかし初期の量子論学者は、無意識ながらそれを拒絶した。自分は自分だ。それが波のような存在で、しかもどんどん分岐して複数の世界に分かれていくなど、一体どうして信じられようか。しかしこうした直覚の抵抗も今や土壇場。科学の人間化は、我々の常識的合理性を次々に打ち砕いて、とうとう自分の同一存在性まで消し去ろうとしている。

最後に

デカルト、ニュートンから多世界解釈まで、物理学の人間化は大波のように我々に襲いかかり、そのたびに神の視点をひとつひとつ奪い去っていった。今や我々は、ねじれて相対的な時空間の中で、自分の存在さえ確実に把握できない波人間になってしまった。しかしそれが、どんなに不可思議で不条理な姿に思えたとしても、現実に我々が生きている真の姿であるという点に絶対の価値がある。この先、科学がさらに進展すれば、一層奇妙な世界が現れてくるだろう。直覚が求める単純な神の世界は遠ざかるばかりである。しかしそれがどうだというのか。宇宙の真理を解明することが科学の目的であるなら、この人間化の先にこそ、その目標はある。直覚の創作する世界がどんなに華麗で気持ちのよいものであっても、それはあくまでフィクションにすぎない。科学者が瞑想して知るのは、「我々の世界はこうあれかし」という空蟬《うつせみ》の希望ではない。現実の自分たちが置かれているこの世界の真の姿を知る、その一点が科学の命綱である。

科学と仏教がどうつながるのか、少しだけその関係性が感じられてきたのではないかと思う。しかし、結論はまだ遠い。物理学を例にとって科学の人間化を見てきたが、このアイデアが科学一般について成り立つと主張するためには、他の分野についても概観しておく必要がある。多少ペースを速めながら、生物学と数学についても、その変遷を見ていくことにする。そのあと仏教の話に移るが、その仏教にしても、まずは膨大な夾雑物《きょうざつ》に埋もれた原初形の姿を掘り出してこなければならない。こういった作業の終着点として、科学と仏教の関連性を明らかにしたいと考えている。ではここで章を変えて、進化論を中心とした生物学に目を転ずることとする。

第二章

進化論

——過去に一度だけ起こった生物進化を巡って

科学が人間化していくという現象を示すために、典型的な事例を選んで考察していこうと思っている。最初に物理学を考えた。次に生物学、特に進化学について見ていくことにする。ここにも、科学の人間化を示す事例が数多く見出される。

進化論はキリスト教との攻防の歴史

進化学の発達史は、聖書に基づくキリスト教的世界観との戦いの歴史であり、英雄ダーウィンが現れて、その旧弊な世界観を一撃のもとに打ち砕いて戦いに決着をつけた。そして私たちはそれ以来、ダーウィン進化論という花園で、科学的生命観の花々を心ゆくまで鑑賞できるようになった。とまあ、このようにファンタジックに語れるならいいのだが、事はそれほど単純ではない。

過去二百年にわたる進化学の歴史は、科学的思考と宗教的信念、唯物的機械論と超越的目的論が硬軟さまざまに織り混ざった、錯綜したモザイク模様になっている。ダーウィン進化論がその主役であることは間違いないのだが、それだけで進化の謎が解明されたわけでもない。なにしろ研究対象は、生物進化という、過去に一回だけ起こった歴史的事件であるから、その実態を知るための手段は推測しかない。その推測をいかに科学的に、確実に行うか、そこに進化学の科学としての意味があるのだが、その推測を確実に検証するための再現実験ができないという点に大きな弱みがある。それが、進化をめぐる議論が錯綜してくる一番の原因となる。

この錯綜は現代に至ってもまだ終息していない。アメリカのキリスト教原理主義が学校での進化論教育に反対しているという記事は今でも新聞に散見される。「進化論は科学的事実である」という日本の常識は、いまだ世界の常識とはなっていないのである。幸い、日本にいて進化論を否定する言説に出会うことは滅多にない。そういうことを公言する人がいたとすれば、大衆受けする霊魂趣味を科学理論のオブラートでくるんで商売ネタにしている似非《えせ》科学者くらいのものである。神の視点と強烈に対立する進化論が、一神教世界以外の地域ではスムーズに受け入れられているという現象は当然ではあるが、面白いことである（『種の起源』は出版後三十年あまりで日本語に翻訳され、そして受容された）。ではお決まりの順序に従い、ラマルク、キュヴィエから始めて進化学の動向を概観し、そこに内在する科学の人間化現象を発掘していくことにする。

史上初めて、体系的に進化論を提唱したのはフランスのラマルクである。かわいそうなラマルクは十九世紀の初頭、つまりダーウィンが『種の起源』を出版する五十年も前に独自の進化論を発表したが、特に注目されることもなく、論敵キュヴィエの栄達を横目に貧寒の人生を終えた。

そのうえラマルクの不幸は死んだ後も続いた。ダーウィン進化論が気に入らない後代の学者たちが、ラマルクの学説から自分たちに都合のいい部分だけを抜き出して「ラマルク説」として提唱したため、身に覚えのないお粗末な学説の先導者という汚名まで着せられてしまったのである。私も学生の頃は「ラマルクといえば獲得形質の遺伝。たいしたことのない二流学者」という大変失礼な印象を持っていたが、それもここで言う不当な汚名の影響である。

論敵キュヴィエのことから紹介しよう。キュヴィエの生没年は一七六九年生まれの一八三二年没。とても頭の大きな人で、「頭の大きい人は頭がいい」という妄説の生きた証拠にも使われた（本当は若い時の水頭症が原因らしい）。すばらしい博物学者で、解剖学、古生物学、動物分類学など、当時の生物学全般を牽引したフランスきっての学識者であった。政治的な勘もあって、フランス革命後の恐ろしい混乱期を順調に乗り切り、最後には国家顧問官となって、貴族に列せられた。要するに当時のフランスを代表する大科学者の一人だったわけである。

このキュヴィエは、生命の歴史に関しては天変地異説という立場に立つ。ノアの箱船伝説を科学的に解釈したものと考えると分かりやすいが、決してただの空論ではなく、実証的証拠に基づく説である。

生命をこの世に生み出すのは人智を超えた神の力であって、たとえ歴史が聖書どおりに展開したと想定するのは無理にしても、ともかく生命の誕生になんらかの超越的な力が関わっていることは間違いない、というのは当時のごく当たり前の考えであった。一方、現実に目をやると、地中からは、現存しない不思議な生物が化石となって見つかってくる。創造主の御業と地中に残る生き物の残骸。このふたつの事実をどうやって結びつけたらよいのか。

そこでキュヴィエはこう考えた。生命が初めてこの世に誕生してから現在に至るまでの長い間に、地球では何度か恐ろしい天変地異が起こった。そしてそのたびに生物種のほとんどは絶滅し、生命は消滅の危機にさらされたのだが、その都度、神が新たな生物種を創造しなおした。それら天変地異によって絶滅した無数の生物は、もちろん現在ではどこにも生息していないが、地中の化石となってその姿を留めている。だから、地中から出る化石の多くは、現存する生物種とは異なっているのである。もちろん人間だけは特別であって、これはアダムとイヴ以来、あらゆる災厄を生き延びてきた万物の霊長である。このように考えることで、神という創造者の存在と、地中から不思議な生物の化石が見つかるというふたつの事実が合理的につながるのである。

この天変地異説には、明らかにフランス革命の匂いがする。革命という天変地異は、古いものを葬り去ってより良きものを生み出す浄化作用だ、という思想が根底にある。科学が決して社会状況と無縁ではあり得ないという典型的な例であろう。

なにしろ大学者キュヴィエの言うことであるから影響力がある。天変地異説はその当時のフランスにおいては、はむかうことのできない定説として確定していた。ラマルクは、この天変地異説にはむかったのである。

「人間は特別ではない」と考えたラマルク

ラマルクの生没は一七四四年生まれの一八二九年没。ほぼキュヴィエと重なる。ラマルクも自然界に不思議な力が存在していることは認めていた。生命の流れを制御する神の力である。この点、キュヴィエもラマルクも土台は同じである。ただ、キュヴィエの場合、創られた生命は変化することなく、いつまでも創られたままで存続していくと考えたのに対し、ラマルクは、最初は単純な形で創られた生命が、時間とともに変化し、より複雑なものを生み出していくと考えた。つまり生物は進化すると言ったのである。ここに両者の根本的な違いがある。

ではその進化の原動力はなにか。五十年後のダーウィンならば、それは変異と自然淘汰であると言うところだが、ラマルクはそこまで機械論的ではない。「生命の体制をどこまでも複雑化させようという外部からの不思議な力と、自分をよりよく変えたいという生命側の積極的で切実な要求の合一」が進化を生み出すと言った。つまり神の意志と、それに応える生物側の思いがひとつになって進化が起こるというのである。今の我々から見れば曖昧で意味不明な言説に聞こえるが、神の存在を含み込んだ合理的解釈こそがすぐれた生命理論だと思われていた当時の一般的状況から見て、決して的はずれな説ではない。進化という概念を取り入れた点は実に画期的である。

このラマルク説は天変地異説とは相容れない。なぜなら、外部の不思議な力と生物からの切実な要求が進化を生み出すとするなら、それはいつでも同じペースで生物を変化させ続けることになるから、天変地異の時にだけ一挙に生物が創られ、それ以外の時に生物変化が起こることはないとする天変地異説とすり合わせることができないからである。

ラマルク説もキュヴィエの説と同じように、神の存在と、現存しない生物の化石が見つかるというふたつの事実を同時にうまく説明することができる。地中から見つかる化石は、現存生物を生み出す元となった、古い段階の生物の記録なのである。

その上もうひとつ、ラマルク説には強みがある。進化という概念を取り入れることで、生物の世界、特に動物界に見られる連続した秩序の存在を無理なく説明できるのである。高等動物から微細な下等動物まで、動物界は連続した一連の秩序でつながっていて、たとえば人間から下って猿、牛馬、ワニ、魚、タコ、虫という具合に順序立てて考えることができる。これは私の勝手な並べ方であるが、ラマルクはこういった動物界の区分けをきわめて詳細正確に考察し、そこには間違いなくスムーズな連続性があるということを強調している。世界中の動物はひと連なりにつながっているのである。

このことの原因は、天変地異説だと説明が難しい。ある一時期に一挙に生物が創られたのなら、ひとつひとつの種がもっと独立していていいはずである。私が神様で、そういう状況になったなら、ひとつひとつ個別に好みの動物を創っていくことになるから、それらの動物の間に連続性は表れないであろう。しかし、現実に動物界を眺めてみると、そこには切れ目のない連続性が表れている。天変地異説にとって難点となるこの事実も、進化説なら当然の結果である。前段階の生物が土台になって次の形が生まれてくるのだから、当然全体は一連の因果性でつながっていることになるからである。

これがキュヴィエの怒りをかったラマルクの進化論である。ところで目玉商品とも言うべき獲得形質はどうなっているのか。それは確かに出てくる。しかしラマルク進化論の根本要因としてではなく、副次的作用の原因として考えられている。

ラマルクの考えでは、「生命の体制をどこまでも複雑化させようという外部からの不思議な力と、自分をよりよく変えたいという生命側の積極的で切実な要求の合一」は、生物をある特定の一方向へと押し進めていく。それはまさに「一方向」なのであって、つまりは万物の霊長たる人間を最終点とする一本のベクトルである。もし他になんの要因もなければ、動物は下等なものから最高等な人間へと、ただ一本の線でつながっていることになる。

ところが現実の世界を見ると、動物界は種々雑多、多様な種が様々に枝分かれした状態で存在している。これはなぜか。この乱雑さはなぜ生じたのか。そこに獲得形質の遺伝という作用が登場してくる。特定の動物種があった場合、同じ種であっても、一匹ごと、あるいは群れごとに生活環境は異なっている。すると、その生活環境の違いによって、要求することがらにも微妙な違いが出てくる。これは下等から高等という基本ベクトルとは直接関係のないもので、たまたまその動物が置かれた環境によって生ずる偶然の要求であるが、それもまた上からの不思議力の発現によって実現されていく。こうして、本来のベクトルに沿わないような雑多な要求も個々の動物の形質に付加され、それが子々孫々に受け継がれていくという、これがラマルク流の獲得形質の遺伝である。

ラマルク理論によれば、キリンの首が長くなったのは獲得形質の遺伝であるが、キリンの首が長くなろうがなるまいが、それは進化の大筋とは関係ない。そういった個別の現象は、サバンナで暮らしていて餌が足らなくなったという特別な環境が生み出した特別な現象である。そういった問題とは別個に、進むべき進化の方向性というものはすでに決まっていて、それは上からの神の意志と、それに応える我々動物の（基本的）要求が合致するところに自ずから現れてくる生命の定められた道だというのがラマルクの考えであった。

このラマルク説の中から、不思議な上からの力だの、生物側からの要求だの、いわゆる神の視点に基づく要素を取り除いたら何が残るか。自然環境に適応しようとする生物が、次第に自分の体を改造していき、それによって獲得した形質を子孫に伝えることで進化が進むという、現在言うところのラマルク説になる。つまり、大いに神の視点を含んでいたラマルク説から、後代の学者たちが神の視点に属する部分だけを取り除いて人間化し、それを「ラマルク説だ」といって広めたものが、現在ラマルク進化論と呼ばれるものなのである。

人は、白黒くっきり色分けした話を好む。重層的なラマルクのアイデアの中から、獲得形質の遺伝だけを取り出して「ラマルク説だ」と言い、一方では、獲得形質の遺伝をある程度は認めていたにもかかわらず、ダーウィン進化論を「反ラマルク説だ」と言う。そして、ダーウィン進化論がラマルク説を打ち破ったという単純な構図を考える。その結果、「ラマルクはダーウィンに負けた」という架空の試合結果が流布することになったのである。ラマルクとダーウィンは五十年も違う。ラマルクは進化論の最初の一歩を踏み出し、ダーウィンはそれを超えて先へ行った、そういう関係で眺めるべきである。

このように本来のラマルク説は、進化に神の意志が反映しているという点ではキュヴィエと同様、神の視点に基づいて成り立つものであったが、こと人間の地位に関しては衝撃的な転換を要求することになった。生物が進化によって漸進的に変化してきたものであるなら、世界中のすべての生物は進化の鎖によってひとつにつながっていることになる。世の生物がすべてつながっているという世界観は、進化論か仏教の輪廻説でなければ出てこないものであって、神が個別に生物を創ったとするキリスト教的世界観とは相容れない。したがってキュヴィエ説とラマルク説では、生命観が根本的に変わってくる。そして、生物がすべて進化的につながっているのなら、当然、人間もその中に含まれることになる。

人間は動物の一種にすぎないということになるのである。

進化を認める人でも、ここまでくると躊躇する場合が多い。そして、「人間だけは特別だ、人間の発生だけは別の歴史があるはずだ」と言い始める。五十年後のダーウィンの時代、立派な進化論推進派の科学者の中にさえ、このように言っていた人はたくさんいた。ダーウィンの支持者であったライエルやウォレスもそうであった。それなのに、ラマルクは「もちろん人間も、進化という視点から見れば動物の一種である。それは猿から進化したのである」と平然と言ってのけたのである。

時代の制約として、生物進化に神の力を導入した点は、仕方のないことではあったがラマルク説の失点である。しかし、人間は特別な生き物ではない、動物の延長だと言い切ったところが素晴らしい。差し引きでも百点満点である。進化学にとって最も重要な人間化の一歩、すなわち、人間を、神にえこひいきされた特別な生物であるとする神の視点の排除は、創始者ラマルクによってすでに達成されていた。ラマルクは、その時代が求めることのできる最高レベルの生物学者だったのである。学生時代の失礼な態度をお詫びしてラマルクには別れを告げ、いよいよダーウィンの時代へ入っていくことにする。

いよいよダーウィンが登場

ダーウィンはチャールズ・ダーウィンだが、そのお祖父さんにエラズマス・ダーウィンという人がいて、実はこの人、ラマルクより先に進化論を主張している。医者で哲学者で詩人で生物学者という多学多才の人でなかなかの有名人だったが、元来一個の粒から発生した生命が、「より環境に適応した個体がより多くの子孫を残す」というシステムによって次第に改良されて現在に至ったと主張した。立派な進化論である。ただ、ラマルクやダーウィン（孫の方）のように、具体例による裏づけが十分にはなされていないので正当に評価されていない。だが、そういう進化の過程に神の意志は一切介在していないと、大胆に言い切るところなどはラマルクを超えている。

ダーウィン（孫の方）は、このお祖父さんの影響なしに、独自に進化論を考えたと言っているが、どうだろうか。ダーウィン（孫の方。もう繰り返さない）の自伝は脚色が多くてあまりあてにならないそうなので、やはりお祖父さんの影響は大きかったのではないか。お祖父さんと孫が、世代を超えて共同で生命の謎に挑戦し、新たなパラダイムを作り上げたと考えた方が、私などは、うれしくなるのだが。

ともかくそのチャールズ・ダーウィンである。若い時、海軍測量艦ビーグル号に乗って五年間、世界の海を回ったが、その時点では進化論など全く考えていなかった。むしろ敬虔なキリスト教信者だった。もちろんガラパゴスを調査した時もそうである。ガラパゴスでゾウガメを見て、はっと進化論を思いついたなどということは全くない。航海を終えてイギリスに戻り、さあこれからという時に、おそらくは探検旅行中にかかった寄生虫病のせいで健康を害し、田舎で静養生活を送らねばならなくなった。そしてそこで七十三歳まで暮らして死んだ。

華々しい五年間の冒険旅行と、その後の静謐な四十五年間。この奇妙な人生の流れの中で、彼の進化論はじっくりと醸され、成熟していった。それは一瞬でひらめく類の瞬間的な発見ではない。着実な自然観察によって集められた膨大な情報、科学以外の幅広い分野からもたらされる思考方法、キリスト教が押しつけてくる神の視点を跳ね返そうとする強靭な抵抗力、これらが何年も何十年も継続蓄積された結実点として、彼の進化論は花開いたのである。彼の進化学説の第一弾『種の起源』は一八五九年に出版された。ビーグル号探検から二十三年後のことである。

先にラマルクの進化論について述べた。それとの比較により、ダーウィン進化論の特性を際立たせることができる。ラマルク進化論では、生命を下等なものから高等生物への段階的移行によってとらえる。これによってすべての生物は、進化という環によって一体化することになる。この点、ダーウィンも全く同じである。また、人間も別枠ではなく、他の動物と同じように、この環に入っている。これもダーウィンと同じ。違うのは、進化が起こるそのメカニズムである。ラマルクはそれを、「生命の体制をどこまでも複雑化させようという外部からの不思議な力と、自分をよりよく変えたいという生命側の積極的で切実な要求の合一」だと考えた（「獲得形質の遺伝だ」というのは先にも言ったように、後代の誤説である)。

ラマルク説が言うこのような進化の原因は、神秘的な色合いが濃すぎるし、定量性が全くない。これでは科学理論とは言えない。ダーウィンはラマルク説をあまり評価していないが、それは当然であろう。ダーウィンにとっては、進化のメカニズムを、神という神秘的な存在抜きにして機械論的に説明することが重要なのであって、その肝心なところが欠けているラマルク説に魅力を感じることはなかったのである(やっぱりお祖父さんの影響が強かったんじゃないかなあ)。

ではダーウィンはどう考えたのか。鳩のような家畜・家禽類の考察から出発して、彼はついに変異と自然淘汰という二本柱に到達する。その内容は、わざわざ説明する必要などない自然科学の常識だが、そこだけとばしてしまうのも不自然なので一応記しておこう。

生物は多数の種に分かれて存在しているが、その同一種の中で生まれる多くの個体は、すべてが全く同一というわけではなくて、多少の幅の違いをもって生まれてくる。これが変異である。なぜ変異が起こるのか、ダーウィンの時代にはまったく不明であった。同時期にオーストリアではメンデルがエンドウ豆を使って遺伝法則の研究をしていたが、その結果が世に広く知られるようになるのはメンデルの死後、一九〇〇年のことであって、それまでは、その重要性は正しく認識されることがなかった。ダーウィンは一八八二年に亡くなったが、生前、彼がメンデルの仕事を知っていたかどうかは不明である。しかしいずれにしても、そこで示されている遺伝法則を、自分の進化論に利用することはなかった。DNAの構造解明による本格的遺伝子研究に至ってはダーウィンの百年後の話である。

したがってダーウィンは、変異の原因については未確認のまま考察を進めた。それは親から子へと伝わるなんらかの作用の一つの特性である。もしかしたら獲得形質が伝わるのかもしれない、とも考えた。ダーウィンは、獲得形質の遺伝もあり得ると考えていたのである（何度も言うが、ラマルクの獲得形質の遺伝という誤った説が、ダーウィンの正しい進化論によって否定されたという、単純な構図は成り立たない）。遺伝の本質が何なのか、詳しくは分からないが、とにかく現実の現象として、生物個体は親に似てはいるがある程度の幅の相違をもって生まれてくるということをダーウィンは大前提とした。

これは、特別な時期にだけ起こる特別な現象なのではない。変異は、あらゆる生物種においていつでもどこでも同じペースで起こっている、ごく普通の出来事である。しかもそれは、特定の方向性を持っておらず、まったくランダムな現象である。

氷河期が来たからといって、とたんに毛深い子が沢山生まれるようになるわけではない。氷河期であろうが温暖な時期であろうが、他の兄弟たちより幾分毛深い子が生まれることもあるし、逆に薄毛の子が生まれることも、同様な確率であり得るのである。そして、変異によってわずかな違いを持って生まれてきたそれぞれの個体の、そのわずかな違いに対して、自然淘汰が作用する。つまり選別である。たとえわずかなものであれ、少しでも生存率を高くするような特性を持って生まれてきた個体は、そうでない個体よりも生き延びるチャンスが多くなり、その分、子孫を残す可能性も高くなる。つまり、そのような特性を持つ子孫が次第に多くなっていくということである。

こうして、まったく無方向に、ランダムに起こる変異が、自然淘汰という選別を通して、より環境に適応した形に方向づけられていく。このプロセスの積み重ねが、進化の原動力となる。

氷河期になったばかりの頃は、毛の多い子も、薄毛の子も同じように生まれていたのだが、生まれた後の環境は、多毛の子に有利である。薄毛の子は寒さに弱い（だから私も冬は体調が悪い）。薄毛ではなくて、普通に毛の生えた子ももちろん沢山生まれているはずだが、多毛の子は、そういった平均的な子よりもさらに有利である。そうなると、氷河期が続いていく中で、薄毛の子、普通の子、多毛の子の三種類のうち、誰が一番多く子孫を残すだろう。それは言うまでもなく、最も生存確率の高い多毛の子である。親が多毛の遺伝的形質を持っていれば、それは子に受け継がれる。というわけで、子孫を残す確率の一番高いのは多毛の子であって、そしてその子孫は多毛になる確率が高い。したがって種全体の中に、次第に多毛の者が多くなっていく。こうして種全体が、別の形質へと変質していくことで進化が進むのである。

同じ種であっても、それが異なるグループに分かれていて、それぞれ別個の環境で暮らしている場合は、一方だけで進化が起こって、もう一方はそのままということもあり得る。氷河期が来ても、南国の暖かい所で暮らしている群れの中なら、薄毛だって多毛の連中と互角に勝負して、子供を沢山残すことができる。その場合は、その群れの中で多毛の者の数が増加することはない。変化なしである。その同じ時期に、北の寒い地方にいた別の群れの中では進化が進んで、多毛が増えている。このような状況が継続すると、毛の多少だけでなく、それがひきがねとなって生ずる様々な形質の相違が、両グループの間で大きくなっていって、やがて南国グループと北国グループの間で子供をつくることさえできなくなってくる。種の分化である。このような過程を考えれば、今現在の世の中に、下等な生物から人間のような高等生物まで、多様な種が並存している状況も説明がつく。以上が、ダーウィンが考えた進化の基本プロセスである。

進化における超自然的存在の排除

ダーウィンの進化論は素晴らしい。ラマルクは進化の要因として、神に由来すると思われる不思議な意志の力を想定していた。ダーウィンはこれを完全に合理的な機械論に置き換えた。一見、超自然的存在の意志が働いているように見える進化という現象を、単純な機械論的機構によって見事に説明してしまった。生命という、生気論の牙城、宗教性の砦を、徹底した合理主義で攻め落としたのである。進化が進むプロセスに神が介在していると考える必要はない。自然法則に任せておけば、生物は自ずから、環境に適応したよりすぐれた姿に変わっていくものなのである。

ラマルクは進化という概念を体系的学説として打ち出し、その中に人間も含み込むことで、万物の霊長として人間だけを特別な生き物と考えるキリスト教的生命観に最初の一撃を与えた。ダーウィンは、その進化という現象が、まったく機械的システムによって自動的に起こるものだということを主張し、進化の中から神を閉め出したのである。

しかし、進化学における人間化はこれで終わったりはしない。相手は生物進化。検証実験のきかない難物である。神の視点はいろいろなところにひそんで、復活の機会を狙っている。ダーウィン進化論をある程度は認めながら、特定の部分にだけ神の視点を含ませることで、神からの完全な離脱を阻止しようという動きが様々に現れてくる。おそらく当の本人にそんな気はなくても、キリスト教社会が伝えてきた、あるいは西欧白人社会が醸成してきた独特の空気が、そのような思考傾向を生み出すのであろう。

以下、そういった進化論にひそむ微妙な神の視点について見ていくことにする。進化学は、ダーウィン進化論の成立で一応の決着をみるのだが、実際にはその前後から現代に至るまで、人間化をめぐる局地戦が様々な場所で繰り広げられており、アメリカのキリスト教原理主義者などは現在の敵方の先鋭部隊なのである。

進化論と神は共存可能か

まずは、ダーウィン進化論と、敵方の本丸であるキリスト教との対立関係について見ていくが、両者の関係は予想外に良好であった。もちろん聖書を絶対の拠り所とする原理主義者たちは強硬に反対したが、その一方で、進化論に納得するキリスト教信者も多かった。『種の起源』が当時としては驚くべき売れ行きだったことからもそういった状況が裏づけられる。

たしかに進化論を認めることは、聖書に書かれている歴史的事件、特に「神がすべての生物種を自己の好みで創造した」という前提を否定することになるが、すでに十九世紀後半は、そういった伝承を鵜呑みにするほど素朴な時代ではなくなっていた。聖書に書かれているのとは別の、真の歴史があるということは大方の常識となっていたのである。

問題は、ダーウィンの進化論を認めても、神の存在の全否定にはならないということである。ダーウィン自身、生物進化という現象に関しては神の介入を全く認めなかったが、だからといって神の存在そのものを否定してなどはいない。彼は神に関して公言することを好まず、「それは不可知なるものである」という態度を通した。考えようによって、ダーウィンの進化論と神の存在はいくらでも共存可能であり、当時の人々は、そういう中間説の立場に立つことでキリスト教の教義と進化論を両方受け入れたのである。

その場合、最も「合理的な」両立方法は、最初の生命を創造したのは神であり、発生した後の生命は進化論の機構によって自動的に進化したと考えることである。生命誕生の第一瞬間という最も重要なところにだけ神が介在し、それから後の変化は科学法則だけが支配するというのである。いくら一瞬間だけとはいえ、その後の動きを決定する要となるところに神の意志が入り込むことで、生物進化全体のデザインは神の御手にゆだねられる。しかし進化の各プロセスを個々に見る限り、それは全く科学的現象である。こうした二重構造の設定は、キリスト教社会にとっては最良の解釈法であろう。そしてこの解釈法は今現在に至るまで、決定的に否定されてはいないという点に注意せよ。

この解釈を否定するためには、生命は神の介入なしにまったくの自然現象として誕生したという事実を証明しなければならないが、いまだ科学はそれに成功していない。生命誕生のメカニズムが解明されない限り、この解釈は生き続ける。現在のアメリカのキリスト教強硬派の中でも、この点だけを主張する人たちがいる。生命誕生のその瞬間に、人智を超えた神秘的な力が作用した可能性を認めよ、聖書の歴史云々はどうでもいいから、とにかくその可能性だけは認めよと主張する人たちである。この主張にはたしかに一理ある。私などはそんな可能性を露ほども認めないが、だからといって、否定するための論理も持ち合わせてはいない。生命の神秘が神秘でなくなるその日まで、この議論は常に繰り返されていくのであろう。

神の視点は残っているのか

生命誕生に関する議論はひとまずおくとして、進化論そのものの中に含まれる、より隠密な神の視点について見ていこう。

ダーウィンの友人でライエルというすぐれた地質学者がいる。一八三〇年、三十三歳の時に『地質学原理』という立派な本を出版したが、若きダーウィンは、この本をビーグル号に持ち込んで精読し、多大な影響を受けた。最大の影響は斉一説《せいいっせつ》である。これはキュヴィエの天変地異説の逆をいく理論である。地球は、生まれた直後の動乱期を過ぎた後は、全く変化することなく同一の状態を保ち続けていると主張したのである。岩は何万年、何十万年を経て風に削られ、砂となる。一方、その砂はやはり何万年、何十万年を経て圧縮され、岩となる。このような変化のどうどうめぐりで地球は保持されてきたというのである。

ドーバー海峡の向こうでフランス革命の恐ろしさを見ていたイギリスの人たちは、革命を悪しき災厄と見なしていたため、物事は本来ゆっくりと漸進的に進むべきものだと考えた。そして、その時代に居合わせたイギリスの科学者の多くは、科学理論の中にも、そういった考えを取り入れる傾向があった。ラマルクは自分の進化論に漸進説を導入してフランスで干されたが、イギリスではむしろそういった漸進説や斉一説こそがオーソドックスな学説として受け入れられる下地があったのである。

ライエルは自分の地質学の基盤を、この斉一説に置いた。そうするとそれに伴って、生物もまた微々たる変化の積み重ねによって少しずつゆっくりと変わっていって、最終的には元の状態に戻るということになる。地質学的変化と生物の変化を同調させて考えるなら、岩が砂になり、砂が岩になるように、生物種の主役もまた、哺乳類から爬虫類になり、また哺乳類になるといった具合にぐるぐるまわってしまうことになる。キテレツな説だが、実際ライエルはそのように考えた。いずれまた、この地上に恐竜の全盛期が来てもおかしくないと主張したのである。そういった極端な考えは別としても、ダーウィンはライエルのこの斉一説が気に入って、その後、自分の進化論の基盤にした。変異と自然淘汰による進化は、少しずつ少しずつ、変わらぬペースでゆっくり進むと言ったのである。

ダーウィンがビーグル号の旅から帰った後、二人は知り合いとなり、よき友人となった。ただ互いの学説に関しては完全な一致をみたわけではなく、根本的な点で相違があった。二人はそれを承知の上で、素晴らしい友人関係を終生保ち続けたのである。これはダーウィン、ライエルがともに、すぐれた人格者であったことを示している。

問題は、二人の学説のその相違点である。ライエルは最初のうちこそダーウィンの進化論に猛反対していたが、後にはその大筋を認めるようになった。それでもどうしても、ダーウィン進化論全体をそのまま受け入れようとはしなかったのである。

どこに考えの違いがあったのかというと、まさに人間という種の特殊性である。ダーウィンは、人間とその他の生き物との間に特別な違いなど認めなかった。下等な生物が進化することで様々な種へと分化し、それが現在の多様な生物世界を形成しているのだが、その流れの一枝分の先端に人間という種がいるにすぎない。人間は感情や知能といった、一見特殊な能力を持っているように思われがちだが、それらにしても、より下等な動物から受け継いだ能力が、たまたま特殊な形で開花したものにすぎず、自然な進化の一過程として扱われるべきだと考えたのである。きわめて合理的でクールな見方である。

これに対してライエルは、他のことについてはすべて斉一説、つまり変化はないという立場で理解していたのに、こと人間についてだけは「それは特別だ」と主張した。地球創成以来、大地も生物も、なんら大きな変化は蒙らず、ずっと同じ状態で続いてきたのだが、そこに人間という根本的に次元の異なる生物が現れて、万物の霊長として君臨するようになった。そこには単なる自然界の法則を超えた、特別な意志が働いているはずだというのである。進化論に神の視点を持ち込む場合の典型的な例のひとつである。「すべてはダーウィンの言うように、機械的に進む。ただし、人間だけは別だ。人間の知性だけは進化によって自然にできたものではない。神の意志の表れなのだ」という理屈である。

ダーウィンとライエルは、この点に関して意見の一致をみることはなかった。ということは、ダーウィン進化論をもってしても、ライエルが考えたような神の視点を否定することはできないということである。では現在の我々ならば否定できるだろうか。ダーウィン時代にはなかった遺伝の原理やＤＮＡに基づく分子生物学は、人間が他の生物となんら変わることのない一生物種にすぎないという事実を強く裏づけている。しかし問題は、身体形質ではなく知能・知性である。ライエルはそれを特別なものだと言っている。我々は、それが特別なものではないとは、まだ断定できない。この議論に終止符を打つことができるのは脳科学である。脳科学によって人間の知能が機械論的に説明され、決して神秘的な作用の結果ではないということが証明された時、ライエルはようやく白旗を上げて降参することになる。

仮にライエル説は否定されたとしよう。生命を創り出したのは神でなく、人間の知能を創ったのも神でなく、造物主など想定しなくても生命進化は進んでいくとなったら、進化論は一切の神の視点を脱ぎ捨てた純粋な科学理論になり得るだろうか。

何度も言うが、私が使っている「神の視点」という言葉は、本当に神がいるとかいないとか、そういう次元のものではない。我々の脳が「世界はこうあるべし。こうあった時、それは最も美しく心地よい」と感じるような視点、それを神の視点と呼んでいる。そしてそれは、科学の人間化によって次第に破棄されていくだろうというのが本書の立場である。「造物主がすべての生物をお創りになった。その中でも特にすぐれた完璧な生物にして万物の霊長、それこそが人間である」という考え方は、まさに神の視点であるが、ダーウィン進化論は、そのほとんどを打ち壊してしまう。「造物主がすべての生物をお創りになった」のではない。それは進化という機械的法則によって次第に創られてきたのである（ただし生命の最初の瞬間に関しては未確定）。「人間は万物の霊長」でもない。人間は、多様な生物界の一種にすぎないのであって、その知能さえも、進化の一過程で生じた副次的産物にすぎない。人間は決して、神様に特別扱いしてもらえる生き物ではないのである。

これで「神の視点」派も降参か。いや、まだ残っている。それは「生物のうちでも特にすぐれた、完璧な生物、それが人間だ」という部分である。この部分を残すためだけなら、もはや神という超越的存在を想定する必要はなくなる。進化論という純粋に機械的機構により創られた生物のうち、人間は最もすぐれた、完璧な生物なのだと考えればよいのである。それでもやはり、「こうあるべし」という脳の直覚が要求する見方であるからそれは神の視点である。そして、直接神の存在に言及しない分、この見方は潜伏しやすい。実際、進化論の歴史において、この類の神の視点は深く長く潜伏してきたのである。

ウォレスが『種の起源』の生みの親？

その代表者として淘汰万能論者のウォレスを挙げよう。ウォレスはダーウィンと同じ時期に同じ進化論を考えついた一種の天才である。イギリスの田舎に引きこもって自分の学説を少しずつまとめていたダーウィンに、一八五八年、マレー諸島にいたウォレスなる人物から衝撃的な手紙が送られてきた。そこには一編の論文が同封されていたが、その内容はダーウィンが考えていたのとまったく同じ進化説を提唱するものであった。そして、手紙には、もしこの論文が妥当だと思うなら、お友達のライエルさんを通じて学界で発表してほしいという依頼が述べられていたのである。しかしそんなことをすれば、進化論発見の栄誉は、ウォレスのものになってしまう。ダーウィン一生の危機である。

ダーウィンはライエルなどの親しい友人に事の次第を説明し、善処することを頼んだ。ライエル、フッカーという二人の友人は、送られてきたウォレスの論文と、ダーウィン自身の論文を二本抱き合わせで発表し、これによって優先権の問題を五分五分の引き分けに持ち込むことに成功した。ちょっとずるい話である。今なら大問題になって、ダーウィンは下手をすれば学者生命を失いかねない。危ない綱渡りである。

しかしウォレスという人物がきわめて寛容謙虚な人だったことが幸いして、問題がこじれることはなかった。この出来事がきっかけとなって、ダーウィンは重い腰を上げて翌年に『種の起源』を出版することになったので、その意味では科学史上の好事であったとも言える。

ダーウィンとウォレスの二人はその後、お互いに相手を引き立て合う、仲の良いライバルとなった。ダーウィンという人のまわりには、不思議とこういった好人物が集まっている。よほど友人の運に恵まれていたのだろう。ただ、この時の自分の行為について、ダーウィンは終生、悩み続けた。他に仕方がなかったとはいえ、恥ずかしい行為であることには違いない。死ぬまで続いた体調不良で、眠れぬ夜の多かったダーウィンの脳裏には、この時の苦々しい思いが常に浮かんでいたのではないだろうか。

そのウォレスという人物だが、ダーウィンが考えたのとまったく同じ機構、すなわち変異と自然淘汰の二本柱によって進化は起こると考えた。この理論を書いた論文をダーウィンに送ったので、ダーウィンはあわてたのである。ただ、その二本柱のひとつである自然淘汰をどのくらい重要視するかで二人の立場は全く異なっていた。ここが問題である。

ダーウィンの場合、自然淘汰が進化の要因だとは言っても、それが一切の進化的変化の原因になるとは言わない。ある生物に変異が起き、そこに自然淘汰が作用することで、その生物種は新たな形へと進化するのだが、生物の身体機構というものはそれぞれの器官が非常に密接に関連しているから、どこか一ヵ所が微妙に変化しただけで、その変化の影響が別の器官にも及んで、全体として多量多彩な変化を引き起こすこともあり得る。

その場合、自然淘汰によるのは最初の微細な変化だけであって、そこから派生する二次的変化は淘汰とは無関係である。おまけでついてくるようなものだ。言葉を変えて言うなら、最初の変化だけは、その生物の生存率を高める作用のある変化、役に立つ変化だが、その後の二次的変化は、起こっても起こらなくても、生きていく上でなんの関係もない変化だということである。生物はこのように、淘汰によって選択された良い形質・機能と、淘汰とは無関係な中立の形質・機能が混在した姿で生きている。

さらに、こういうこともあり得る。なんらかの自然淘汰によって生物のある形質が変化したとする。言うまでもなく、その変化は役に立つ変化なのだが、それが本来の役割とは異なる別の面で思わぬ働きを持つようになることもある。

たとえばこれはひとつの推定であるが、気候の寒冷化が起こって、体温をよりよく保つことが生存に有利となり、恐竜の皮膚が変化して羽毛が生み出されたとする。それは本来、体温を保つという点で自然淘汰を生き延びた形質なのだが、それが思いがけずも空を飛ぶというまったく別の働きをするようになる。そうなると、鳥が空を飛ぶという行為は、本来は自然淘汰の対象となる作用なのではなく、羽毛が誕生した後でたまたま可能になった副次的特性だということになる。

このように生物の身体構造には、自然淘汰とは無関係に、偶然の産物として生じたものもたくさんあるとダーウィンは考えた。これは今から思うときわめて深い洞察であり、自分のアイデアを過大評価することで別の可能性の芽をつんでしまい、結局袋小路に入り込むということの多い学者の世界にあって、常に模範とすべき例である。

ウォレスの考えはダーウィンとは違う。ウォレスは、生物のありとあらゆる形質や機能が、自然淘汰の中で選択されてきたものだと考えた。自然淘汰万能論である。この考えに従うなら、生物の体はどこをとっても、偶然にできたところなどひとつもなく、すべては自然淘汰という厳しいテストをパスしてきた最優良パーツばかりということになる。

ダーウィン流なら、現存する生物は人間も含めてすべてが、そこそこの品質が保証されているＪＩＳ規格合格品といった程度になる。自然淘汰によって選択されたすぐれた形質と、そして淘汰とは無関係な中立な形質の混成体だからである。他方、ウォレス流なら、それは自然淘汰によって選び抜かれた第一級の形質だけでできた最上級品である。

両者の意味の違いは大きい。先ほど言ったように「人間を最上の存在だと見なしたい」というのは神の視点のひとつである。ダーウィン流なら、その視点は放棄されている。彼の立場から見た人間という種は、すぐれてはいても最上ではない。もっとすぐれた存在もあり得たのだが、偶然によって今のような姿で落ち着いたそこそこの良品なのである。しかしウォレス流ならば、今現在この世界に生存しているのは最優良の生物たちであり、その中にあって頂点に立つ人間こそは、完璧な生物だということになる。

自然淘汰は万能ではない

ダーウィンは偉い人だったと思うが、どこが一番偉かったかと問うなら、やはり答えはここだ。人間化を一挙になんステップもまとめて押し進めたところに偉さがある。進化という現象から、神の存在を閉め出したとしても、普通ならばまだ神の視点に多少は縛られるものだ。ウォレスがそのいい例である。ウォレスはダーウィン同様、進化を純粋に機械論的作用であると考えたが、その機械論的作用に神の視点を残そうとした。自然淘汰という作用は万能な作用である、したがってその自然淘汰が作り上げた人間という生物は完璧な被造物であって、神なき世界での万物の霊長だ、というのがウォレスの真意であった。

人間化の順序から言えばウォレスのように考える方が自然である。まず実体としての神が否定され、それを補塡するために法則や作用といった概念が神格化・神秘化される。そしてその後、その神格性も否定されることで真の人間化が進むというのが順当な形であるから、一旦ウォレス流が定着した後に、それを訂正する形で、自然淘汰の絶対性を否定するダーウィン流進化論が出現すべきであった。

それなのにダーウィンはウォレスの段階を飛び越して、人間化のレベルを独力で大幅にアップさせてしまったのである。何十年にもわたる思索のなせる業である。ダーウィンの思索の跡をたどると、たしかに彼は自説を二段階で発展させていることが分かる。『種の起源』の初版を書いたころは自然淘汰万能論である。まだウォレス流に近い。それが後年の『人類の起源』になると、以前の自分の姿勢を反省し、生物の機能には、なんの役にも立たない中立なものが多く含まれていることを指摘し、自然淘汰を過大に評価することを戒めている。ここに我々はまた一人、瞑想して真理に行き着いた偉大な人の姿を見る。

ダーウィンが人間の知能についてどう考えていたのか、ひとこと述べておこう。人間の知能は変異と自然淘汰によってできたのである。つまり純粋なる進化のたまものというわけだ。

ここで質問。「人間の知能の働きは、芸術・文化・道徳・倫理といったきわめて高尚で抽象的な領域もカバーしている。しかし、猿人が人間へと進化して脳が発達していった大昔の時代に、猿人がそんな高尚なことまで考える必要はなかったはずだ。必要のないことが、自然淘汰で選択されて残るはずはない。自然淘汰で生き残るのは、その時代のその場所で生きていくために有利な形質であって、今は有利ではないけれど何十万年も後になれば役に立つであろうような形質が生き残るなどということはあり得ない。だから人間の脳に関しては自然淘汰説は成り立たない。人間だけはなにか特別な力で創られた特別な生物なのだ」。

ダーウィンの答え。「いいえ成り立ちます。脳は別に、芸術・文化・道徳・倫理を考えるために発達したのではありません。昔の猿人のなんらかの形質変化、たとえば直立して歩き出したことなどによって起こる様々な身体変化の一環として脳の容量が増え、その偶然の結果として、知能というものを獲得したと考えればよろしい。その当時の知能とは、注意力や記憶力、言語能力といった野生生活で生存に有利な基礎能力であったが、その副次的産物として現在の西欧白人社会における芸術・文化・道徳・倫理といったすぐれた脳作用が生まれたのです。つまり現在の高尚な脳作用は生存に有利だから発生したのではなく、たまたま人間において発達した脳という器官の、その偶然の副産物として生じたのです」。これがダーウィン流の理解である。徹底して神の視点を排除しているところがすごい。

ウォレスはその後どうなったか。簡単に言うと、意外にも彼は後年、神の存在を信じるようになり、人間だけは神の力で創られた特別な生物なのだと主張するようになった。人間化の方向に逆らって、ライエルと同じ立場まで後退したのである。

その理由は、「生物の形質の中には、本来の目的とは違う働きを持つようになった偶然の産物が含まれている」というダーウィン流の考えをどうしても理解できなかったところにある。さっき言った、ダーウィンへの質問、つまり「自然淘汰で生き残るのは、その時代のその場所で生きていくために有利な形質であって、今は有利ではないけれど何十万年も後になれば役に立つであろうような形質が生き残るなどということはあり得ない。だから人間の脳に関しては自然淘汰説は成り立たない。人間だけは神によって直接創られた生物なのだ」という、これがウォレスの考えたことである。

おそらくウォレスという人は大変誠実な信仰の人で、なんらかの形で自己の信仰心を表出しなければ気の済まないところがあったのだろう。はじめはそれを自然淘汰に託して満足していたところが、人間の知能の問題にまで考察を進めた段階で、突然その機械論的説明が通用しなくなったため行き場がなくなり、神秘思想に逆戻りしたというわけだ。終生ダーウィンを慕いながらも、神の存在を信じたウォレスという人物に対する興味は尽きない。

ウォレス個人の遍歴は置くとして、ウォレスの流れをくむこの自然淘汰万能主義は、その後ヴァイスマンを筆頭とする二十世紀初頭の（第一次）ネオダーウィニズムと呼ばれる大きな流れにまで盛り上がった。隆盛の原因は、それが神の視点を取り入れた進化論であったこと、さらには当時の白人絶対優位の人種差別観と合致したことも大きな理由である。

生物進化に偶然の要素を認めず、すべてが自然淘汰による必然の結果だと考えれば、西欧社会が圧倒的優位を誇っていた当時の社会状況を、人種の優劣性で説明することができる。「生物は、自然淘汰によって選別され序列化されているのだから、文化文明の高低差が、そのままその生物の本質的優劣を表している。現在、世の生物の文化レベルを見ると、西欧の白人社会を頂点として、黄色人種、黒人およびその他の未開民族、チンパンジー、ゴリラという順位で低下していっているのが分かる。したがって西欧白人が最も高等な生物であって、次いで黄色人種、黒人、チンパンジー、ゴリラと続いていくのである」。

お話にもならないふざけた理屈に思えるかもしれないが、二十世紀初頭の西欧における常識的見解である。生物進化に偶然性を認めないのだから、「今の西欧社会が優勢なのは単なる歴史の偶然だ」という反論はかき消されてしまう。これはやがてナチスのゲルマン民族優越説やユダヤ人不要説にも続いていく不幸の種ともなった。（第一次）ネオダーウィニズムは、その後次第に衰微していくが、それでもやはり、自然淘汰を絶対視することで人間を（あるいは白人を）最優良生物として位置づけたいという願望は生物学の底流に流れ続けており、もちろん今も流れている。神の視点の最悪の事例である。（第一次）ネオダーウィニズムはダーウィンの深い思索の結果を一歩後退させるものだったのである（ただし、ダーウィンも人種差別を全く否定していたわけではなく、白人優位論者であった。ダーウィンほどの合理主義者でも染まってしまうくらい、当時の白人優位主義は、自明のことと考えられていたのである）。

ダーウィンの中に残っていた神の視点

ダーウィンのおかげで、生物進化の中の神の視点はすべて消滅したように見える。もうなにも残っていないだろう。生物学者たちは皆そう考えて、ダーウィン進化論をパラダイムとして承認してきた。そんな状況にあって、まだなんらかの神の視点が残っていることを発見し、それを排除することができたならそれは大変な功績だ。ノーベル賞どころではない。ダーウィンを継ぐ者として歴史に名を残すことになるだろう。

そして実際、そのような仕事に成功した人がいる。日本人である。名前は木村資生《もとお》。知っている者にとっては神様みたいな人だが、学説の中に含まれる人間化の度合いが強すぎて、反発する人も多く、まだ一般の知名度は低い。だから名字だけでなく下の名前まで書かなくてはならない。残念ながら一九九四年に亡くなったのでノーベル賞はとれなくなったが、そういう次元の人ではない。木村の中立論は、ダーウィン進化論に残っていた見えざる神の視点を明るみに出し、根本的な改革を迫った画期的な説である。

二十世紀に入ってメンデルによる遺伝の法則が広く知られるようになると、紆余曲折を経ながらも、ダーウィン進化論とメンデル遺伝学の融合が行われ、進化学は新たな段階に入った。モーガンによるショウジョウバエの突然変異実験などが有名である。

この段階になると、進化のプロセスを散文的な議論で語ることはできなくなる。そもそもメンデルの遺伝の法則からして、3対1とか、9対3対3対1といった具合に数字で表現するものであった。それが進展して、個体のみならず種内の大集団で形質がどう変化していくかを扱うのだから、高度な数学的分野にならざるを得ない。この段階で進化学は数学と合体したのである。フィッシャー、ホールデーン、ライトといった学者たちにより、そういった確率統計学を用いた新たな進化学が生み出され、それは集団遺伝学と呼ばれた。

こうして、進化を数式で表すことが可能になると、そこにその他の様々な分野からの数値化された情報を導入することが可能になる。進化学という学問が大きなネットワークへと発展したのである。集団遺伝学の手法を核として、そこに古典的形態学・系統分類学・発生学・生物地理学・古生物学などが連結され、総合的学問体系へと進んだその領域は、「進化の総合説」と呼ばれるようになった。一九四〇年代から六〇年代頃のことである。一九五三年にはDNAの構造も解明され、いよいよ進化学は真性な科学として独り立ちすることになった。

ところが、この段階で再び自然淘汰万能論が台頭してくるのである。一九〇〇年代初頭の（第一次）ネオダーウィニズムで自然淘汰が絶対視された理由は、自然淘汰を神に見立てることで、なんとか神の視点を保持しようという心情的なものであったが、今回の新たな（第二次ネオダーウィニズムとも呼ぶべき）自然淘汰万能論はもっと科学的な理由によ
る。

ある集団の中で一個体に変異が起こった場合、その変異が個体の生存に有利でも不利でもない中立なものであったなら、その変異は集団全体に広がることがあるだろうか、それとも途中で途切れて消滅してしまうのだろうか。これは数学の問題である。集団の母数、すなわちその集団内にいる生物の数、によって結果は違ってくる。母数を無限とすると、突然変異で現れた中立な形質は、まわりにいる無限の個体の影響に負けて消えてしまう。ところが母数を有限数にすると、運がよければその形質が集団全体に広がることもあり得ることになる。第二次ネオダーウィニズムの頃は、計算上の便利さのせいで、母数を無限とすることが一般的であった。そのため当然ながら中立な形質は消滅するという結果が出る。そして「有害な形質はもちろん消滅していくし、中立な形質も途中で消えていく。したがって残るのは有益な形質だけである。つまり生物の形質はすべて自然淘汰によって選択された有利な形質だけでできている」という説が主力になる。ウォレス流進化論の再来である。

いま言ったような数学的根拠があるとはいえ、私はやはりその根底に、自然淘汰を神に見立てて、その被造物である人間を最上級生物として扱いたいという学者たちの思惑を感じる。母数を無限とするか有限とするかは、選択の問題ではないか。どちらを選ぶのも自由な時に、計算が楽だといった実利上の問題で無限を選ぶのは不合理である。その不合理を気にしないところに、もともとそっちを選びたいという心情的傾向があったのではないかという推測が生まれる。神の視点は、かほどに強く我々の心に染みついているということか。

DNAの構造解明に端を発する分子生物学の成立が、次第にこの（第二次）ネオダーウィニズムの壁に風穴をあけていく。それまでの進化学は、生物の外的な形質を観察することによって成り立っていた。エンドウ豆が丸いとかしわくちゃだといったような問題である。しかし分子生物学が登場したことで、それとは別の次元での形質変化というものが見えてきた。DNAの塩基配列や、タンパク質分子におけるアミノ酸配置といった、より微小な、分子レベルでの変異である。

それは大まかな外見上の形質変化とは違って、一個の分子・原子がどう変わっていくかという話になるから、変化の状況がデジタルに理解できる。たとえばDNA塩基配列の中の、本来ならばA（アデニン）であった箇所がG（グアニン）に変わってしまったとすると、それは「アデニンがグアニンに変異した」のであってそれ以外の結論はあり得ない。

「アデニンがグアニンへと変わりつつある途中の状態」などというものはあり得ないのである。変わっているか、変わっていないかのどちらかであって、変わりつつある中間段階というものがないから、厳密な判定が可能となる。したがって、それぞれの生物の持つDNAの相違が、進化の度合いを示す正確な測定基準として使えることになるのである。そして、その研究結果の上に立って現れたのが木村の中立論である。

仮に自然淘汰万能論が、DNAのような分子レベルでも成り立っていたとしよう。なんらかの原因で、ある生物個体のDNAが変異したとする。もしその変異が、その個体が生存するのに不都合をもたらすものであったなら、その個体が子孫を残していく確率は減るから、その変異はいずれ消滅する。これは間違いないだろう。

一方、その変異が、その生物の生存確率をアップさせる有利なものだったらどうか。つまり、DNAが変化したことにより、身体形質のなんらかの箇所が変化し（それは外見を変えてしまう大きな変化から、体内の微細な機能までいろいろな可能性があり得るが）、それがその生物の生存に有利なものになる場合である。自然淘汰万能だから、そういう形質は残りやすい。したがって、そのDNAの変化は代々受け継がれていって、やがてその種全体に広がっていくことになる。有利な変化はそれだけ残りやすいのである。

では、その生物にとって有利でも不利でもない変化はどうか。そのような変化は、不利な変化より多少は生き残りやすいだろうが、長く生き延びることはできない。自然淘汰万能だから、自然淘汰で選択されないような変化は、たとえ中立な変化であっても生き残ることができないのである。そういう中立変化が起こったとしても、まわりの大多数の既存の形に押されてしまって、いずれ消滅する可能性はかなり高いと考えられる。つまり自然淘汰万能論だと、その生物の生存確率を高めるような有利な変異だけが生き残るということになる。

ここまではいいだろうか。さてある生物、たとえば人間にしよう。その人間のＤＮＡに含まれる二ヵ所の遺伝子に注目する。一ヵ所はなんの働きもしないインチキ遺伝子だとする。そこにある塩基配列は、ただそこにあるというだけで、遺伝上なんの作用もしない役立たずである。一方、もう一ヵ所の方はとても重要な箇所で、たとえば心臓の筋肉を正しく作るための遺伝子だとする。

さて、この二ヵ所に注目しながら、何万年、何十万年という長い時間の間に、そのＤＮＡ塩基配列がどう変化していくか予想してみよう。ダーウィンが想定したように、生物には必ず変異というものが起こる。もちろんＤＮＡのレベルでも起こる。というよりも、変異というものはそもそもＤＮＡ段階で起こるものが主である。ＤＮＡが変異するから、それに応じて、生物の外見も変異するのである。ともかく、この二ヵ所の遺伝子でも、一定のペースで塩基配列に乱れが生じてくる。役立たず遺伝子に変異が起こったとしよう。しかしそこはもともと役立たずの遺伝子だから、そこがどう変わっても、体にはなんの影響もない。つまりそこに起こる変異は、その生物にとって不利でも有利でもない中立な変異だということになる。ということは、その変異は自然淘汰に関わらないから、選択されることがない。すぐに消滅していくはずである。

これに対して、心臓遺伝子の方は、そこが変化するとただちに重大な影響が現れる。なにしろ心臓をうまく作れるか作れないかという命に関わる箇所である。その遺伝子が変化するのだから、たいていの場合は心臓異常となって死んでしまう。つまりその変化を子孫に伝えることができないのである。しかし何十万年という長い時間の間には、時として有利な変化も起こる。その場合、待ってましたとばかり、自然淘汰が選択の手を伸ばして、その変化を拾い上げる。他の同類よりも生存に有利な心臓を持った者は、他の同類より強く長い人生を送ることができるようになり、その分、多くの子孫を残すことができる。こうしてそのDNA変化は次第に子孫に広がっていき、やがて種全体に行き渡る。心臓が進化したのである。

二カ所の遺伝子の流れを考えると、役立たず遺伝子の方は、どんなに変わっても価値は中立のままだから、自然淘汰によってその変化は無視され、捨てられてしまう。したがっていつまでたってもDNA塩基配列は変わらないということになる。一方、心臓遺伝子の方は、命に関わる重要な場所だから、それが変化した場合の影響は甚大であって、たいていは死ぬけれど、一旦有利な変化が起これば確実に保存されていく。したがって長いスパンで見れば、DNA塩基配列は必ず変化していくはずである。重要でない箇所のDNA塩基配列は変化せず、重要な箇所のDNA塩基配列は変化していく、というのが予想される結論である。自然淘汰万能説ならね。

実際に観察してみると、結果は逆である。重要でない箇所のDNA塩基配列はどんどん変化し、重要な箇所のDNA塩基配列は変化しない。これは一体どういうことか。自然淘汰万能説が間違っていることは分かるが、では実際はどうなのか。

神の視点を見抜いた日本人

ここに木村の革命的な仮説が生きてくる。「進化の過程で、DNAが変異する場合、生存を一層有利にする変化などというものはない。あったとしてもきわめて小さい確率でしか起こらないので進化の原動力にはならない。DNAの主たる変化は、その生物にとって有害であるか、あるいは有害でも無害でもない中立なもののどちらかであって、進化というのは、この二通りの変異を通して進んでいくのだ」と主張したのである。

この木村説に従うなら、自然淘汰というのは、良いものだけを選び出す作用なのではなく、悪いものだけをつみ取る作用だということになる。良いものなどどこにもないのである。ダーウィン進化論が根本的に変わってしまうことが分かるだろうか。

先の役立たず遺伝子と心臓遺伝子の喩えに戻ってみよう。役立たず遺伝子では、そのD

NA変異はすべて中立である。そして中立だからこそ、その変異はすべて保存されて子孫に伝わっていく。自然淘汰は価値のないものをすべて切り捨てるのではなく、有害なものだけをつみ取っていく。価値がなくても無害ならば生かしてくれるのである。だから役立たず遺伝子はすべての変異を蓄積しながら変わっていく。集団の中の一個体で起こったDNAの中立的な変異が、消えることなく種全体に広がっていくということである。

一方の心臓遺伝子は、どんなに小さな変異でも心臓そのものを変化させてしまうから、その変異はすべて有害である。自然淘汰万能論では、そういった変化のうち、たまには良い変化も起こって、それが残っていくと言っていたが、木村は、そんな良い変化などというものはほとんどないのだと言う。すべての変化は有害になってしまうのである。したがってそういう変化こそが自然淘汰によって排除されるから、心臓遺伝子のDNA構造は変わらないということになる。

こういったアイデアを、木村は、精密な数学によって実証した。良い変異というものを考えない新たな進化論の誕生である。我々の遺伝子は、変わりたい放題に変わっていく。そのうち、生存に都合の悪いものだけが排除され、その他の中立な変化はどんどん蓄積され、偶然の産物としての我々を形成していくのである。

ダーウィン以来の進化論の流れをもう一度概観してみる。ダーウィンは変異と自然淘汰という二本柱で進化を考えた。一定のペースで起こる変異のうち、生存に有利なものだけを自然淘汰がすくいあげ、子孫に残していくという考えである。ただし、生物のすべての形質が自然淘汰によって作られているわけではなく、偶然に生じた形質も沢山ある。だから現在の生物が、最優良品ということにはならない。

「造物主がすべての生物をお創りになった。その中でも特にすぐれた完璧な生物にして万物の霊長、それこそが人間である」。ダーウィンはこの神の視点の傍線部分に関してはすべて否定したことになる。ただし、自然淘汰がより良いものを選び取っていく作用だと考える限り、その自然淘汰によって生まれてきた生物は、その前段階の生物よりも「より良い」ものということになるから、「人間は、その前段階の生物たちよりもより良い生物だ」という考えは捨てきれない。「人間はすぐれた生物である」という思いはまだ生きているのである。

ダーウィン進化論にまだ神の視点があるか、と問うたが、答えはここにある。まだ神の視点はあった。それは、自然淘汰が常により良いものを選び取っていくという思考の中にあったのである。このダーウィン進化論は（第一次・第二次両方の）ネオダーウィニズムによって一歩後退する。生物のすべての形質が自然淘汰によって形成されてきたと想定することで、現在の生物を最優良品と見なすことになるからである。先の傍線部で言うと、「完璧な生物」という箇所が復活してくるのである。こうしてダーウィンよりも一歩さがった進化論を、木村は一挙に二歩進めた。「完璧な生物」だけでなく、「特にすぐれた」という箇所も否定してしまったのである。

自然淘汰は、現れてきた有害な変化だけを取り除き、中立な形質はみな残していくのだから、その生物がどう進化していくか、その方向は偶然に大きく左右される。進化とは決してより良い一方向に進む運動ではなく、出たとこ勝負のでたらめ稼業なのだ。

木村説以前に、ネオダーウィニズムに反対して、生物の形質には自然淘汰と関係のない偶然の産物も多く含まれていると主張していた生物学者もいた。ネオダーウィニズムの行き過ぎた淘汰万能論を、本来のダーウィン説まで引き戻したいと考えていた人たちである。この点に関しては木村と方向性は同じである。

では彼らが木村説に従ったかというとそういうわけでもない。そういう人たちの中でも木村の中立論に頑強に反対した者もいた。これは上の一歩さがって二歩進む構造を考えれば納得がいく。ネオダーウィニズムに反対していた人の多くは、本来のダーウィン支持者であって、一歩さがったダーウィン説を一歩進めて元に戻したいと考えていたのだが、それをさらにもう一歩進めるかどうかは別の問題である。すべての形質が最良品であるというネオダーウィニズムは否定するが、人間が、それより下等な生物の改良によって生まれてきたすぐれた種であるという点は否定したくない。そういった立場の学者は、木村説を受け入れることができなかったのである。

木村の中立論は、まだ完全な理論ではない。より良いものが選択されるという、プラスの自然淘汰の事例も報告されているから、すべてが中立進化で進んでいくわけでもなさそうである。しかしそれでもやはり、進化の基本構造が、中立論であることに変わりはない。DNAやタンパク質分子レベルで成り立っている中立論を、よりマクロなレベル、つまり普通に観察される形質とどう関連づけるかが今後の課題である。科学の人間化という点から見れば、マクロな形質についても中立論が成立する可能性は高い。我々人間とは、悪い要素を間引きしているうちに残った種々雑多な要素の、偶然の組み合わせによって生じてきた生き物だということになるかもしれないのである。

第三章 数学

——思考だけで成り立つ美しい世界は絶対の真理なのか

進化論の次に数学を扱おうと思うのだが、これは大変難しい。数学という学問は外部からの情報とは無関係に、人間の思考だけで成り立っている分野だと考えられているから、「直覚の想定する世界が、外部情報によって訂正されていく」という人間化のパターンが当てはまらないように思えるからである。

多くの数学者は「そうだ、数学には人間化などあり得ない。数学は他の学問とは違う、純粋理性だけで成り立つ不変の学問なのだ」と言うだろう。しかし数学の歴史を見ていくと、そこには単に学説の進歩、定理の発見といったレベルとは別の、概念そのものの変更が至る所で起こっている。そこに数学の人間化という問題があるのではないかと思うのだが、簡単に結論を出すこともできない。そこで、第一章で語った「下降感覚の原理」というものを手がかりにしてみようと思う。

大きなふたつの転換点

科学が人間化する場合、人間の直覚が無条件で承認する世界観が、外部情報をもとにした思考によって否応なく変更されるという過程を踏む。アインシュタインの、「世の現象はすべて一義的因果関係によって確定しているに違いない」という思考は、「そうあるはずだ」という直覚のレベルでの見解であった。人類の祖先たちが、土器を落とせば割れる、木をこすれば火がつくといった、様々な日常の因果関係を体験する中で獲得していったきわめて本源的な世界観である。それは我々の感性が無条件に承認する視点であり、自然の摂理として定まった法則性であった。つまり神の視点である。

それが、量子論という有無を言わさぬ論理思考によって否定される。「そのような一義的因果則は成り立たない」という衝撃的な事実を我々は突然つきつけられるのである。これは、それまで一義的因果則を拠り所にして暮らしていた人にとっては耐えられない事態、大地の転覆である。しかもそれは、「神の視点を放棄して、人間という一動物種に特有の、より低位の視点で事象を認識せざるを得ない」と主張するのだから、自己の尊厳は著しく傷つく。アインシュタインはそのような事態を受け入れたくなかった。そして死ぬまで量子論的解釈に抵抗し続けた。アインシュタインにすれば、美しい摂理にしたがって展開しているはずの宇宙を、人間の偏狭な視点でしか理解し得ないと考えることは、科学の堕落であり忌むべき妄説だと映ったのである。

このように科学の人間化が起こる場合、それを受け入れたくない人たちが、その動きを堕落だと考える傾向、これを「下降感覚の原理」と呼んだ。第一章で述べたとおりである。そこで、数学の歴史の中で、この「下降感覚の原理」が現れている実例がないか、そこを切り口にしてみようというのである。

古代エジプトからギリシャ、途中の暗い停滞期をとばしてルネサンス期のヨーロッパへと、数学の歴史はおそろしく長い。その途中、至る所に画期的な変革点がある。円周率パイ（π）の概念形成、無理数やゼロ、複素数の発見に非ユークリッド幾何学の登場と、数え上げればきりがない。

こういった大変革が起こった時、誰がどういった反応を示したか、それが知りたい。もしそこで数学者の誰かが、その変革に対して「そんな汚らわしい説が受け入れられるか！」と言って厳しく批判しているなら、その変革が新たな人間化を示している可能性が高いのである。ざっと見まわした時、目につく事例がふたつある。ひとつは無理数が発見された時。もうひとつは実無限が登場した時である。

ギリシャ数学に危機をもたらした無理数

無理数とは$\sqrt{2}$、$\sqrt{3}$やπなど、どうしても分数の形で表すことのできない数を指す。もともと人間の数概念の中に無理数というものはなかった。それはそうだろう。原始人の生活の中で、無理数が現れてくる必然性はどこにもない。「一頭のイノシシ」、「三つの石斧」といった数勘定の要請から、まずは自然数の概念が生じただろう。一頭のイノシシを家族五人で分けるような事態は、自ずと分数の概念につながる。しかし、普通に暮らしていて$\sqrt{2}$や$\sqrt{3}$が登場する場面というのはまず考えられない。それがはじめて登場するのは古代ギリシャ世界である。$\sqrt{2}$の近似値ならば、もっと古いバビロニア時代から知られていたらしいが、それが無理数という特別な性質の数として別個に扱われるようになったのがギリシャ時代なのである。

ギリシャで無理数が発見された詳しい経過は分からないが、おそらくは幾何学の問題を考察する中で必要に迫られて生み出されたものと考えられている。いわゆるピタゴラスの定理で、直角二等辺三角形の直角を挟む二辺の長さをそれぞれ1とすると、残りの一辺（斜辺）の長さは$\sqrt{2}$になってしまう。無理数の概念がない段階では、もちろん無理数を表す方法もなかったわけだから、$\sqrt{2}$などという言い方もできない。「二辺の長さがそれぞれ1である直角二等辺三角形の斜辺の長さ（あるいは一辺の長さが1の正方形の対角線の長さ）」といった表現方法しかなかった。そしてそれはどうあがいても、分数の形では表せなかったのである（分数で表せないのだから、当然整数でも表せない）。

現在我々が使っている$\sqrt{2}$といった表記方法も、どうやっても数字を用いて直接表すことのできない、このまどろっこしい数を表す、全く便宜的な苦肉の策である。同じ無理数であるπなどは、もうそういう便宜的方策も不可能になり、いかなる数字も受けつけないので「π」という記号で表すしかない。もちろん$\sqrt{2}$を1.414…、πを3.14…といった省略形で表すことはできるが、それが無限小数である以上は、しょせん近似的表現にすぎない。

この無理数は、ギリシャ数学に危機をもたらした。無理数が現れるまでの数学はきわめて端麗で、整合性のある体系を保持していたが、この扱いようのないぶざまな数が飛び出してきたことで重大な危機に陥ったのである。

たとえば、正方形という基本中の基本となる図形ひとつとっても、無理数がその美しさを破壊してしまう。一辺の長さが1の正方形があれば、その面積はもちろん1になるが、では面積がその二倍の2になる正方形はどんな正方形か。それは一辺が$\sqrt{2}$の正方形である（$\sqrt{2}\times\sqrt{2}=2$）。しかし$\sqrt{2}$という数は、実際には正確に書き表すことができない。無理して書けば、1.41421356以下省略、といった気持ち悪い姿になる。「一辺が1.41421356以下省略の正方形の面積は2だ」と言われると、ギリシャ人でなくても胸焼けを起こす。数の神聖さを重んじるギリシャ数学において嫌悪されるのは当然である。

このような数は、図形における線分の長さとしては表せるが、数式で普通の数として取り扱うことはできない。もちろん現在の数学なら、$\sqrt{2}$のままで計算し、$\sqrt{2}$のままで置いておくことも構わないとされるが、整数・分数だけの世界できっちり決まった答えを出していたギリシャの数学にとっては、無理数を受け入れるのは苦難の道であった。その結果、ギリシャ数学は、数を計算の要素として扱う数論の影は薄くなり、幾何学の方が発達した。幾何学なら、無理数であっても、ある長さの線分として扱うことが可能だからである。

無理数の登場で集団リンチ事件も

無理数が嫌われた典型的な例が、ピタゴラス学派の集団リンチ事件である。ピタゴラスは紀元前五、六世紀のギリシャ人数学者であったが、同時に神秘宗教教団の教祖でもあった。霊魂の輪廻転生を認め、宇宙の基本原理は数、特に自然数で成り立っているという教義を信奉していた。自然数を崇拝する宗教である。

ギリシャから南イタリアに移ったピタゴラスは、そこで弟子を集めて教団を作り、数の研究に専心した結果、多くの重要な数学的発見を成し遂げた。有名な「ピタゴラスの定理」も、実はこのような神秘主義者の世界で生み出されたものなのである。

そしてその教団では無理数の存在はタブーだった。ピタゴラス学派の教義は、自然数の美しい調和によって宇宙は成り立っており、その調和の妙を知ることで魂が清められて幸せな来世を迎えることができるというものだったから、その自然数の調和を破る無理数という存在は絶対に容認できなかったのである。無理数は、彼らの未来の幸福を破壊する不吉な存在だった。

それでも論理的思考の結果、無理数というものの存在が事実として確認されてしまったので、ピタゴラス学派はそれをひた隠しに隠していた。ところが中の一人が、うっかりその秘密を外部に漏らしてしまった。「自然数でなく、分数でもなく、どうやっても美しく表すことのできない数がこの世にある」と言ってしまったのである。そこでどうしたかというと、ピタゴラス学派のメンバーが集まり、彼を水に沈めて溺死させてしまったという。

ピタゴラスの定理とリンチで溺死というのは、あまりにもレベルの違う話で、おもしろネタにもならないが、無理数を承認するということが、それ以前の世界観を守ろうとする人たちにとってどれほど嫌悪すべき事態であったかはよく伝わってくる。もちろん数千年も前のことだから、この話にどれほどの信憑性があるか、はっきりしたことは言えない。しかしそれでも、無理数の登場が当時の数学にきわめて大きな打撃を与えたことを、この逸話ははっきり示している。無理数の出現によって、神聖なる数学が汚されたのである。

ここに「下降感覚の原理」が働いていることは明白である。ということは、有理数だけでできていた数学世界に無理数が入り込んでくるという現象は科学の人間化であったと想定することができる。その視点で振り返って見れば、たしかにそれは人間化であろう。有理数、すなわち分数の世界はそれだけで見事な完結性を持っている（言うまでもなく自然数もそこに含まれる）。加減乗除のいかなる計算を行っても、答えは必ず同じ分数として出てくる。完璧に閉じた世界である。もうそれだけで十分ではないか。数の世界は美しい。完全な調和をみせる有理数の世界こそは、我々の感性にぴたりとフィットする理想の数学世界である。

これがピタゴラス学派、あるいは無理数登場前のギリシャ数学者全般の一致した見解であった。神の視点である。しかしその神の視点は、外部世界からの情報によって否応なく否定されていく。ただし数学の場合、他の科学と違って、外部世界からの情報というのは、外部の「物質世界」からの情報という意味にはならない。数学は人間が自分の頭の中で考える学問であるから、外界の物質世界の情報が影響することはないからである。

しかし$\sqrt{2}$が現れた状況を見て分かるように、ただほうっておくだけでひとりでに人間の頭脳から無理数が生み出されてきたというわけでもない。もしそれが自然発生するものならば、無理数の概念は人類の歴史の至る所で同時発生的に生み出されたはずである。しかしそうはならなかった。二千年あまり前の、ギリシャというひとつの世界で、ある特定の思考を行った人たちだけが、その概念を生み出した。したがって無理数の概念は、人間が感性で生み出したものではなく、ある特定の思考方法を習得し、その思考方法に沿って論理的に考えた結果、どうしてもその存在を認めざるを得なくなった人たちが、否応なく承認した概念だということになる。

したがって、物質世界からの情報ではなくても、我々の思考そのものの中に、神の視点を否定していく特殊な原動力があるということになる。そういう力をここでは一応、論理思考と呼んでおく。カントなら先験的総合判断と言うのだろうが、私はカントではないのでできるだけ簡単に言っておく。数学では、直覚と論理思考という、このふたつの力のせめぎ合いによって人間化が進んできたと考えることができる。

この点で数学だけは他の科学と異なっているように思うが、考えてみると本質は同じである。物理学の場合、直覚が承認する神の視点を否定するのは、観察や実験によって得られる、外部世界からの情報だというのだが、情報そのものが神の視点を否定するわけではない。その情報を受け取り、解釈し、その結果「従来の世界観では、この情報を合理的に解釈することができない。だから世界観は変更されねばならない」と考える、我々自身の論理思考が、神の視点を否定するのである。

外部からの情報をきっかけとするか、あるいは頭の中で展開する段階的な数学的思考をきっかけとするかの違いはあっても、結局はそれらを受け入れて是とする、我々の論理思考が、直覚によって得られる神の視点を否定していくのである。こう考えるなら数学とその他の科学との違いは小さい。人間化の基本構造は同じだと考えても構わないことになる。

この点に関してピタゴラス学派と無理数との関係はきわめて重要である。というのは、数学に「証明」という概念をはじめて持ち込んだのがピタゴラス学派だからである。それまでの数学というのは経験によって計算数値をはじき出すことに終始していた。算術の段階である。ピタゴラス学派、そしておそらくはその他の同時代のギリシャ人数学者たちは、そこに証明という新しい概念を導入した。いくつかの公理と、独特ではあるが万人が納得せざるを得ない論理を組み合わせることで、段階的に真理へと至る道である。

これによって、直覚では理解できなかった無数の真理が、定理という形で姿を現した。そして無理数というものも、そういう証明の結果現れた不思議な存在である。したがって、有理数世界への無理数の導入が数学の人間化だとするなら、もっと広く見て、証明という概念の導入が数学の人間化だと言うこともできる。

証明という操作が、神のように一瞥してすべてを見通す存在にとっては必要のない、段階的にしか理解を進めることのできない人間独自の認識方法であることを考えるなら、当然と言えば当然のことである。数学的証明こそは、人間化を進める原動力となる「論理思考」の最も純粋化したものだと言えよう。したがってピタゴラス学派は、自分たちが作り出した証明という方法によって無理数を生み出し、それによって自分たちの神の視点を殺したという皮肉な行為を行ったことになる。

有理数世界の中に無理数を導入したことは、数学の人間化だということが分かった。その際、現象の中に「下降感覚の原理」が明白に現れていたことが重要なヒントとなった。集団リンチ事件はおぞましいが、それが事態の本質を示す目印になったという点では意味がある。

もうひとつの転換点、実無限とは

ではもうひとつの事例、実無限の発見について見ていこう。実無限とは、無限の要素から成るひとつの数学的集合体を、実在の数のように扱う、きわめて斬新な概念である。無理数の発見が紀元前の話であったのに対して、こちらはおよそ百年前のことであるから多くの情報が残っており、登場人物も多い。ピタゴラス学派の話よりはるかに長くて具体的な物語を語らねばならない。

いかなる現実世界にも、ほんとうの正義の味方とほんとうの悪役などという区分はない。

たしかに狂った殺人鬼のようなおぞましい悪人もいるが、それは例外的ケースとして、たいていの人間は本質的に悪人というわけではない。人それぞれ、自分の道を考え、自分で選択し、自分で行動を起こす。その段階で善悪など決められない。しかし、だからといって各人のあらゆる行動が良しとされるわけでもない。善悪はなくても、正誤はある。正しい道だと考えてまっしぐらに突き進んだ結果、最初の思惑とは違う期待はずれの結果に行き着いたなら、それは間違った道である。

ただ間違っただけなら、その責任は自分で引き受ければよいから、別に悪いことではない。ただの間違いである。しかしそれが、他者に害を及ぼすことになれば、間違っていた上に悪だということになる。最初から悪事をたくらむつもりがなくても、「間違うこと」によって我々は悪になり得る。つまり我々が心がけるべきことは「悪いことをしないようにしよう」と考えることではなく、「間違わないようにしよう」という思いなのである。間違いは、人を悪へと導く(仏教では、そのような間違いを起こす心を無明《むみょう》という)。

クロネッカーという数学者は、数学の歴史で悪役になってしまったが、決して悪人だったわけではない。一八二三年生まれで九一年まで生きた。二十一歳で博士号を取り、銀行経営などで成功した後、数学者として名をあげ、ベルリン大学の教授職を全うした。歴史に残る業績もあり、数学者列伝に名を連ねる権利は十分にある。そして実際に数学者列伝に名を残しているのだが、その役回りは本人の思惑に反して天下の悪役である。

クロネッカーがどのような性格の人物であったのか、もちろん私は知らない。伝聞によると、仲の悪かった同僚（具体的にはワイエルシュトラスというこれまた列伝中の有名人物。後述）にヒステリックにつっかかり、しょっちゅう悩ませていたというのだが、まあ、その程度の迷惑人ならどこの社会にもいるものだから悪役というのはオーバーだ。

クロネッカーが悪役とされる原因は、カントールをいじめて不幸にしたというその一点にある。クロネッカー対カントール、ここにおそらくは数学史上最大級の人間化現象を見てとることができるだろう。

カントールは一八四五年にロシアのサンクトペテルブルクで生まれたが、十一歳の時に家族と共にドイツに移住した。そして立派な教育を受けた後、数学を勉強するために名門ベルリン大学に入学した。まごうかたなきエリートである。そのベルリン大学の数学の教授が、上述のクロネッカーとワイエルシュトラスだった。犬猿の仲の二大学者の間に挟まれたエリート学生という、いかにも不幸を予感させるシチュエーションである。

二人の教授、クロネッカーとワイエルシュトラスの仲が悪かったのは、気が合わないとか、貸した金を返してくれないとかいった世俗の要因によるのではなく、数学に対する根本的な姿勢の違いに原因があった。

クロネッカーは有名な言葉を残している。「神は整数を作られた。それ以外のすべては人間が作ったものだ」。これで彼の立場がよく分かる。クロネッカーはピタゴラス学派だと思えばよい。もちろん、だからといって彼の数学が、ギリシャ時代のピタゴラス学派程度の水準だったというのではない。十九世紀数学の先端に立つ学者だったのだが、その興味の対象、研究の領域があくまで整数論を大枠としたものであって、それ以外の数概念は虚妄だと考えていたのである。彼は、美しい、割り切れる数だけが数学的実在であって、無理数などの拡張された数概念は人間が勝手に考えた無意味な虚構だとしてこれを軽蔑していた。整数世界を神聖視する神の視点に立っていたのである。

これに対してワイエルシュトラスはまったく反対の立場に立つ解析学者であった。解析学とは、微分積分の仕組みとか、あるいは級数の項をどんどん足していったらどうなるか、などといった「ある手順を無限に続けていったら何が起こるか」という現象を調べる分野である。そこでは無理数が主役になる。たとえば

$$1-\frac{1}{3}+\frac{1}{5}-\frac{1}{7}+\frac{1}{9}-\cdots=\frac{\pi}{4}$$

といった式を扱うことになる。この式は、分数の足し引きを続けていったら、その究極が$\frac{\pi}{4}$という無理数になると言っているのだから、考えてみれば不思議である。だから、その不思議に惹かれて、こういう現象を徹底的に調べてやろうというのが解析学である。この分野の数学者は、拡張された数をどんどん取り入れていって、常に新しい概念で仕事を

進めようとする傾向がある。解析学者にとっては、拡張された数の概念こそが、新たな領域を開くための最高の武器となるのである。

これではクロネッカーとうまくいくはずがない。整数絶対主義のクロネッカーと、「数ならなんでもこい」のワイエルシュトラス。どちらもそれぞれの領域では一流の数学者であったが、互いの分野を承認し合うことはできず、強烈に敵視し合っていた。特に攻撃的だったのはクロネッカーである。ワイエルシュトラスは、四十近くになるまで田舎町で教員をしながらこつこつと数学を続け、それが日の目を見たとたんに世界的数学者として注目を浴び、ベルリン大学の教授に抜擢されたという、大変な苦労人である。人付き合いのよい、授業がとびきり上手な、他人の痛みの分かる、尊敬すべき人物だった。一方のクロネッカーは、裕福な家に生まれて、よい教育を受け、そしてベルリン大学の教授になった人。悪人というわけではないが、強烈な自我と自尊心の人であった。論争の種は、大方、このクロネッカーの方がまいていたようである。

人間化に三百年を要した虚数i

先程から「拡張された数の概念」ということをたびたび言っている。これについて説明するため、少しだけわき道に入る。古代ギリシャ時代に有理数世界が拡張されて、無理数という新たな数の概念が登場したということはすでに述べた。嫌われ者だった無理数もやがては数学体系の中で次第に落ち着きどころが定まってきて、無理なく扱えるようになってきた。きちんとした数字で表すことはできなくても、特定の記号のまま、数式や幾何図形の中で他の要素と仲良く同居させることのできる形式が案出されていったのである。ところが十五から十六世紀のイタリアで次の異変が起こった。

このころのイタリアでは代数方程式、つまり我々が中学や高校で習った $ax^2+bx+c=0$ などなどの方程式を解くことが一種の職人芸とされており、時には賞金をかけて「方程式解き解き合戦」が行われることさえあった。お互いに難しい方程式を質問し合って、たくさん解けた方が勝ちである。やはり人間の能力は、欲がからむとよく伸びる。こういう状況のもと、方程式をいかに解くかというその技法は飛躍的に発達した。そしてそこで、それまでは正の数しかなかった数の世界に負の数というものが導入されることとなった。インドで生まれたゼロの概念も正式に取り入れられた。これらはまあ、画期的といえば画期的な進展ではあるが、数の世界を塗り替えるほどのものではない。私も中学の最初でマイナスの数を習ったが、別にさほどの違和感は感じなかった。途方もないことが起こったのは、三次方程式を解くための方法が発見された時であった。虚数の登場である。

我々は高校で、二次方程式の根の公式というものを習った。

$$x=\frac{-b\pm\sqrt{b^2-4ac}}{2a}$$

この式を使うと、場合によってはルートの中がマイナスになってしまう。その場合にはiという記号を用いて虚数であることを表す。この虚数iという数は、二乗してマイナスになるという奇っ怪な性格の数で、「ないのにある、あるのにない」といった印象を我々に与える、無理数よりもまた一段、不思議な数である。こんな数がそうやすやすと数学の世界に顔を出すはずはない。それが論理思考の必要上、どうしても必要な数としてしぶしぶこの世に姿を現したのが、十六世紀のイタリア、方程式合戦の時代だった。方程式のプロたちが三次方程式の解法をめぐって思案している中で、この「二乗するとマイナスになる数」が解法上どうしても必要だということで導入されたのである。

虚数発見劇の主役となったのは三人の人物、独学の万能エンジニア、タルターニャと、医者で数学者で文学者で占星術師でいかさまギャンブル研究家だったカルダーノと、そのカルダーノの弟子でありながら、カルダーノ自身、近づくのを怖がったほど気性の荒かったフェラーリである。もうこれだけで役者は十分であろう。お察しのとおり、三次方程式の秘密をめぐってこの三者が繰り広げた非難と中傷、足の引っ張り合いは数学史に美しい毒の彩りを添えることとなった。

出来事の概要だけ言うなら、タルターニャは三次方程式の解法を見つけた（別の人の発見を利用したという説もある）。カルダーノはうまいこと言ってタルターニャからその秘密を聞き出した。「本人の承諾がなければ絶対他人には洩らさない」という条件付きである。しかしカルダーノは、それを勝手に自分の本の中でばらしてしまった（ただしタルターニャに世話になったことはちゃんと書いてある）。激怒したタルターニャはカルダーノを罵倒し、それに対してはカルダーノ本人ではなく弟子のフェラーリが応酬した。タルターニャとフェラーリの激烈な批判合戦は、やがて公開での数学試合になだれ込む。幼い頃災難にあって頭と顔に大けがをおっていたタルターニャはうまく口がきけないというハンディがあって、この勝負では完敗した。そしてその後はカルダーノへの復讐心に燃えながらうだつのあがらないまま人生を終える。弟子のおかげで優先権争いに勝ったカルダーノは順調な人生を送るかに見えたが、長男が妻殺しの罪で首切りの刑になり、次男はならず者になり、自分も異端の嫌疑で投獄されて全財産を没収され、最後はわずかな年金で暮らしながら一生を終えた。弟子のフェラーリはタルターニャに勝って勢いに乗り、世間からちやほやされたが四十三歳で妹に毒殺された。彼らの虚しい人生の後に残ったのは虚数ばかりである。

この虚数。最初のうちはまともな数として扱われなかった。それはそうだろう。二乗してマイナスになるというのは演算上の矛盾である。そんなものが数学的実在としてあり得るはずがない。そんなものが出てきたらなにかの間違いである。しかしそうなると、三次方程式が解けない。

　非常に奇妙なことに、ある三次方程式が間違いなく実数解（つまり虚数ではない根）を持つことが分かっている場合でも、それを求める過程でどうしても虚数を使わねばならないことがある。一度、虚数の計算を通過しなければ実数の答えに到達できないのである。

二次方程式の場合なら、根の公式のルートの中がマイナスになったなら「そんなことはあり得ない。ルートの中がマイナスなら根はないということだ」と言って切り捨ててしまえばそれですむ。だから二次方程式だけなら、虚数の概念が現れてくることはなかったはずである。ところが三次方程式では、虚数を使ってはじめて、正しい実数解が得られるのである。

　どうしても虚数の存在を認めざるを得ない。しかしそんなものは認めたくない。ギリシャで無理数が登場した時と同じ状況になった。十六世紀が十七世紀になっても虚数はなかなか認めてもらえなかった。

　デカルトは、この数にはじめて「虚数」という名をつけたが、その存在は否定していた。それでもやがてベルヌーイ、オイラーといった数学者たちが次第にこの虚数を自分たちの領域に取り込み、正しい位置づけを確定していった。ベルヌーイもオイラーも当然ながら「数ならなんでもこい」の解析学者である。

　そして十九世紀に入って、数学の帝王と呼ばれたドイツの超天才数学者ガウスが、複素平面の概念（これは私も高校で習った）を提示することで、ようやく虚数も正式に数の仲間入りを果たしたのである。実数と虚数を合わせて複素数という。その複素数はやがて四元数というもう一段新しい数概念へと発展して、量子力学にも関係してくるのだが、今はそこまで行かない。ともかく、ギリシャ時代の無理数の導入に続いて、十六世紀から十九世紀の三百年をかけて虚数という新たな数が認知されたということが言いたかった。

無理数の導入が数学の人間化なら、虚数を承認したことも当然、人間化の一環に違いない。三次方程式を解くという論理的手続きの中で鬼っ子として生まれ、三百年かかって認知された。それほどに虚数は不可思議で、納得し難い概念だったということだろう。

無限の先にはなにがある

そろそろカントールに戻らないと道に迷ってしまう。実は、このカントールが主役となって繰り広げられるのは、無理数の発見、虚数の登場に続く、「新たな数の導入劇」第三幕である。

虚数に続いて現れる一層不可思議な数は「超限数」という。それを見つけて認知しようとするカントールと、なんとしても妨害しようとするクロネッカー。数の概念の拡張が数学の人間化を意味するのなら、それは、人間化を極限にまで押し進めようとするカントールと、神の視点を死守しようとするクロネッカーの戦いであったとも言えるだろう。

さて、話を若きカントールがベルリン大学に入学してきたところへ戻そう。ベルリン大学で数学を学びはじめたカントールは、クロネッカーやワイエルシュトラスたちの講義を聴き、次第にその才能を開花させていった。立派な論文で博士号も取った。ハレ大学という大学で講師の職も手に入れた。誇り高きカントールは、いずれ母校からお声がかかって、ベルリン大学教授という夢にまで見た肩書きが手に入ることを期待しながら研究に打ち込んでいった。しかし好事魔多し。その研究がクロネッカーとの恐るべき確執を生み出してしまったのである。

カントールはクロネッカーよりもワイエルシュトラスの仕事に惹かれ、自分も解析の分野に没入していったが、そこで扱われる集合の概念を極限にまで押し広げ、そこに新たな数、超限数を発見した。超限数とは、「有限の壁を越えたところにある数」というものすごい意味である。この超限数は、無限を基調とするところに特徴がある。たとえば自然数を考える。1、2、3、4……と続いていくが、どこまでいっても果てがない。そんなことは誰でも知っている。では分数はどうか。$\frac{1}{2}$とか$\frac{7}{8}$とか$\frac{139}{647}$とか好きなようにいくらでも作ることができる。自然数のように、数える順番がはっきり決まっているわけではないが、とにかくいくらでも作れるのだから、分数の数にも果てはない。

では、自然数と分数では、どちらの方がたくさんあると思いますか。見合いの席で相手にこんな質問をしたら間違いなく破談である。限りなくたくさん存在しているものどうしを比べて、「どちらが多いでしょう」なんて言う人はちょっとおかしいに決まっている。「僕の愛と君の愛を比べたら、僕の愛の方が五倍多い。だから余った分であと四人愛してもいいだろう」なんて言い出されたらたまったものではない。しかし、カントールはそういうことを考えた（愛の話ではなく、限りないものどうしを比べるということを、である）。無限どうしを比べるというアイデアはすでにガリレイが考えていたのだが、カントールはそれを徹底させ、そしてそこに美しい法則的真理を見出したのである。

先に無理数発見の話のところで、分数で表すことのできる数のことを有理数と呼んだ。つまり問題は、「無限にある自然数と、無限にある有理数は、どちらが多いか」ということである。「うーん」と瞑想して、カントールはとてつもない方法を考えついた。世にも名高い対角線論法である（図4）。

この図の縦横はそれぞれ整数の並びであり、それは1から順に並んでいる。その縦横の数字の交差点には、縦の欄の数字を分母にし、横の欄の数字を分子とする分数が作られている。縦が五番目、横が二番目の交差点には$\frac{2}{5}$という分数がくるという具合である。したがってこの表には、あらゆる分母とあらゆる分子のすべての組み合わせが現れているのだから、すべての分数が書かれているということになる。

では、これらの分数を「ひとつ、ふたつ」と数えていって、全部数えるにはどうしたらよいだろうか。たとえば縦に数えていったとすると、$\frac{1}{1}$、$\frac{1}{2}$、$\frac{1}{3}$と下に降りていく

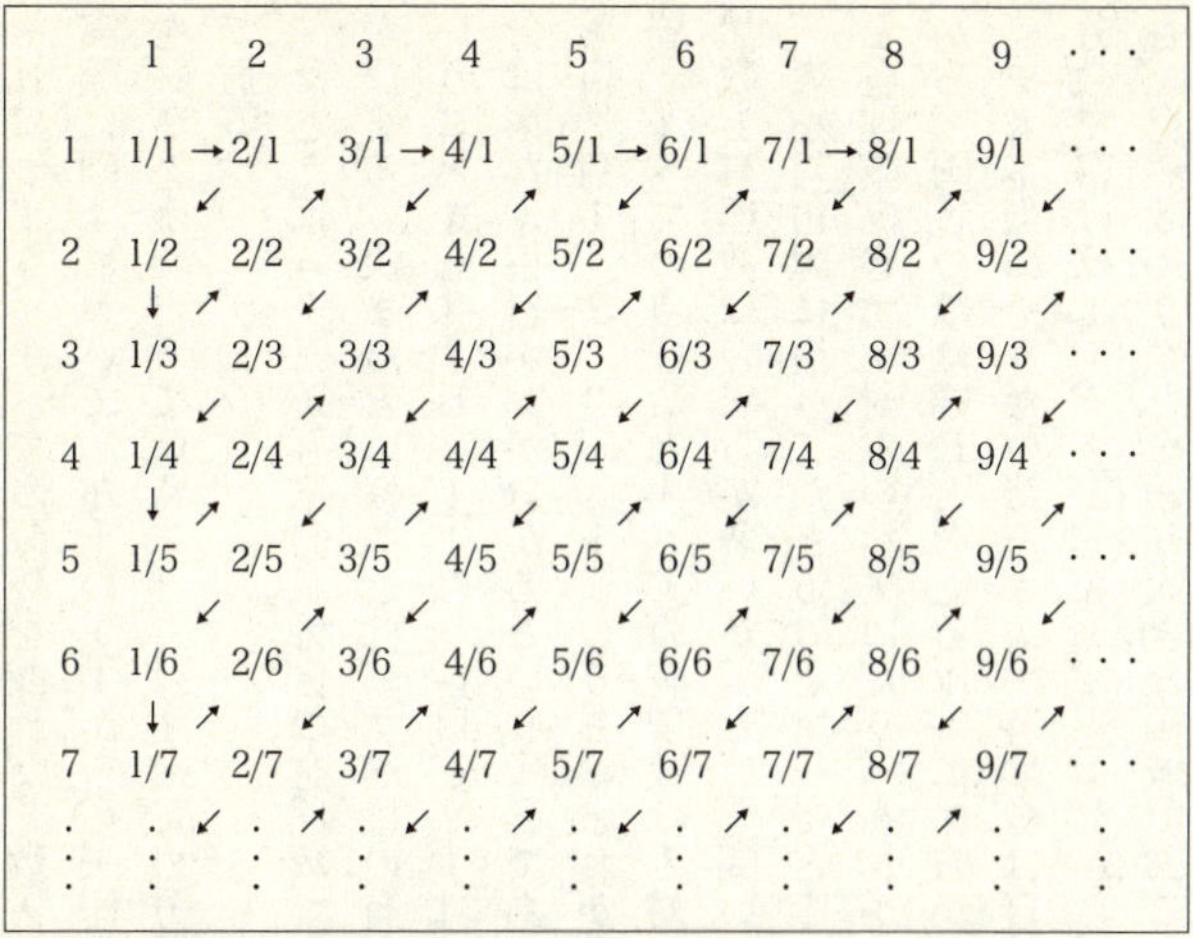

図４　無限にある自然数と、無限にある有理数、どっちが多い？
カントールによる対角線論法

ことになるが、下には無限の数の分数があるから、どこまでいってもきりがない。いつまでたっても横の列に移ることができないから、表にあるすべての分数を数えることは不可能である。横に数えていっても同じことで、やはり一列目で無限に飲み込まれてしまって、次の列に移れない。

どうやっても、この表の中の分数をすべて数えることはできないように見える。ところがカントールは、それができるということを見出した。矢印のように対角線に沿って数えていけば、一筆書きの原理で、すべての分数を一回ずつ通る一本の線を引くことができる。

それはつまり、すべての分数を漏れなく数えていくことができるということを意味する。実際に図4において、左上の$\frac{1}{1}$から、矢印をたどって順番に数えてみてほしい。対角線をクネクネたどっていくことで、すべての分数を一本の線でつないでいくことができるのである。

たとえば「一三万五三七二番目の有理数」と指定すると、ちゃんとあるひとつの有理数が決まる。決まるということは、すべての有理数が自分専用の番数をひとつ持っているということを意味する。$\frac{1}{1}$は一番目、$\frac{2}{1}$は二番目というように、すべての有理数が「自分は第なん番目か」が分かるということである。その「第なん番目」というのは、すなわち自然数1、2、3、4……のうちのどれかひとつの数に対応するということだから、結局、すべての自然数とすべての有理数は1対1に対応することが分かる。したがって、自然数と有理数はどちらが多いか、という問いに対する答えは「同じ」ということになる。

表を対角線に沿ってたどることで、1と$\frac{1}{1}$、2と$\frac{2}{1}$、3と$\frac{1}{2}$という具合に自然数と有理数は必ず1対1のペアになり、それがはるかかなた、無限の先まで続いていくのだから、両者の数は同じと考える以外に仕方がないのである。

でも本当にそうなのだろうか。有理数は自然数を含んでいる。自然数1、2、3、4は分数で書けば$\frac{1}{1}$、$\frac{2}{1}$、$\frac{3}{1}$、$\frac{4}{1}$だから、それらは有理数の一部である。自然数を含む、自然数よりひとまわり大きな領域である有理数の数と、その有理数の一部分である自然数の数が「同じ」とは。「なにかが間違っているんじゃないの」。こういう批判が出るのは当然であるし、これだけなら、そういう批判を打ち負かすのは至難の業であろう。しかしカントールの持ち駒はこれだけではなかった。今度は自然数と実数の数を比較してみよう。実数とは、有理数にさらに無理数を加えた数、簡単に言えば、すべての小数であるから、自然数と小数の数を比較するということである。

無限の質が違う！

図5は、0から1までの間に存在する実数、すなわち有理数と無理数の両方を合わせた数すべてをリストアップした表だと仮定する。ここには有理数だけでなく、無理数も含まれていることに注意（無理数は分数の形では表せないが、小数で表すことはできる。ただし無限小数である。たとえばπは3.14……）。今は0と1の間に限定してあるからすべて0.～という形になっている。0.38のように、途中で終わってしまう小数の場合は、そのあとに0が無限に続いているものとすればよい。ともかく、0と1の間にあるすべての実数が、小数の形になってここに並んでいると仮定するのである。

これは単なる仮定である。それらの実数をどうやって一列に並べるのか、その方法は分かっていない。だからここに示した表は、私の勝手な創作である。有理数（分数）の場合なら、先に言ったように対角線をクネクネたどるという方法で一列化できたが、実数の場

```
0.13826737326784 32...
0.33468246110417 69...
0.79459650076577 22...
0.48929012912345 97...
0.03801694432730 95...
..............................
..............................
```

図５　０と１の間のすべての実数が並んでいると仮定

合、そういう方法は使えない。「今、仮に、実数を一列化することのできる方法があったとして、それを使って並べたらこうなりました」という仮想の話をしているのである。

　ともかく、ここには0と1の間のすべての実数が並んでいるとする。そこである人がやって来てこういうことをする。一番目の小数の小数点第一位の数（この図5なら0.13826737……の小数点第一位だから1）を取り出して、それを小数点第一位とする新たな小数を作る。つまり0.1という小数を作るのである。次に、二番目の小数の小数点第二位の数3を取り出して、そのうしろにくっつける。0.13という小数ができる。次にくっつけるのは、第三番目の小数の小数点第三位の数である。0.134となる。これを繰り返していくと、表にならんだ小数を斜めに横断する線上にある数字でできた小数ができる。ややこしい言い方だが、次の図6を見れば、まったく簡単な話である。

　そうやってできた小数は0.13421……になる。そこでもうひと仕事。その小数の数字それぞれに1を足すことによって別の小数を作る。小数点第一位の数は1であるからそれを2に変更し、第二位の数字は3であるから4に変更する、という具合に、そこに並んだ数字すべてをプラス1ずらすのである（9は0にする）。これで仕事は終わり。さあ、できた小数が一体どんな数なのか考えてみよう。0.24532……という小数である。この小数と同じ小数が、この表のどこかにあるだろうか。

「はい、五一万八九〇二番目の小数と同じです」と誰かが答えたとしよう。私は即座に否定できる。「残念ながら同じではありません。その小数の五一万八九〇二番目の位の数を見てごらんなさい。こっちの小数の数字より1だけ小さいはずです。ほかは全部一緒でも、そこだけは絶対に1だけ違っているはずです。だから同じにはなりません」。表の中のどんな小数をもってきても、その小数がN番目の小数なら、小数点以下第N桁目の数字は、我々が作った小数の数字よりも1だけ小さくなっている。これはどんな小数をもってきてもそうである。そうなるように作ったのだ

```
0.13826737..............
0.33468246..............
0.79459650..............
0.48929012..............
0.03801694..............
........................
........................
        ↓
0.13421.................
        ↓ 各々の数字
          に1を足す
0.24532.................
```

図6　法則にのっとって新たな小数を作っていくと…

から、そうなるのである。

これは最初の仮定と矛盾する。この表には0と1の間のすべての実数が並んでいると仮定して話を進めてきたのに、その表の中のどこにも含まれない数がこんなに簡単にできてしまった。じゃあ、その新しく作った小数を、この表のどこかに放り込んでやればいいだろう。それですべての実数が揃ったことになるだろうと考えても、おあいにくさま、そうやってできた新しい表を使って、また前と同じ手順を繰り返せば、またまた、その表にはない新しい小数ができてしまう。いくらやってもきりがない。つまり実数は、有理数のように全体を一枚の表の上にリストアップすることができないのである。ということは、それに何番目、何番目という番号を振り分けていくこともできない。番号をつけて数えていくことが不可能な数だというのである。

カントールは驚いて、そして悟った。同じ無限でも、有理数の無限と実数全体の無限では、その質が違うということに。有理数の無限は、その要素をひとつずつ順番に数えていくことのできる無限である。一方、実数の無限は数え上げができない。数えようとしても、中間にいくらでも新たな要素が挟まり込んでくるので、決まった番号を振り分けることができないのである。無限というものに質の違いがあるということは、この世にはいろいろな無限があるということだ。

たとえば自然数の無限。これは一番、二番と番号を振って数えることができる。有理数の無限。これも自然数と同じく番号を振ることができる。いま説明したとおりである。しかし実数の無限は番号を振って数えることができない。したがって、自然数の無限と有理数の無限は同じレベルの無限であり、実数の無限はそれよりレベルの高い無限だということになる。

このように、無限に質の違いが確認されたことで、無限というものをあたかもひとつの「もの」であるかのように扱って考えることが可能になってくる。実無限という概念の発見である。そして、その様々な無限どうしの関係がどうなっているのか、それを解明するための新しい数学が必要となってくるのである。あたかも「もの」であるかのように扱われるそれぞれの無限、それを超限数と呼ぶ。なんとも壮大な概念である。

こういう考え方はカントール以前にはなかった。もともと無限というのは、たとえば、「正多角形の角の数をどんどん増やしていけば、やがて最終的には円になる」という具合に、「ある手順をいつまでも繰り返す」ことを意味していた。無限を実体視して、無限という「もの」がある、と考えたのはカントールがはじめてである。そこにカントールの天才が光っている。

カントールのように実在する無限（実無限）を扱う場合には、それぞれの無限を一個ずつ固まりのように扱わねばならないが、無限は実際にはそれこそ無限にある要素からできているので固まりではない。たとえば自然数というひとつの無限は、１から始まって２、

3と無限に続く要素の全体で作られているので、初めはあるが終わりのない、ぼうっとした概念になってしまう。そういったぼうっとした全体を、一個の固まりと見なすための手段として「集合」の概念が必要になってきた。ぼうっとした自然数全体をふろしきに包み込んで一個の集合とし、他にも有理数の集合、実数の集合などなどいろいろな集合を考えて、それらの集合の間に成り立つ関係を解明しようというものである。

数と数の関係から出発した数学が、実無限を扱う段階に至って、集合と集合の関係を扱う新たな段階に到達したのである。私も中学高校の数学で集合を習ったが、そこにこんな面白い背景があるとは思いもしなかった。「四十人のクラスで、眼鏡をかけた子は十二人、眼鏡をかけて丸刈りの子は三人、眼鏡をかけていない丸刈りの子は五人です。眼鏡をかけておらず、丸刈りでもない子は何人でしょう。ベン図を使って解きなさい」。これではあんまりだ。はじめから「集合なんてつまらないからやめとけ」と言っているようなものである。せめてさわりだけでもいいから、無限の話、カントールの伝記など、胸が高鳴るようなことで私たちを誘ってほしかった。そうすれば私だって今頃は立派な集合論学者になっていたはずなのである。

これが、ハレ大学で講師を務めながらカントールが切り開いた新しい世界である（もちろんここで語ったのはそのごくごく一部であるが）。

さて、これを聞いて、あなたがクロネッカーだったらどうするか。無理数も虚数も認めない。世の真実は整数だけだと信じて疑わないクロネッカーに、「無限も数の一種です」と言ったらどうなるか、誰でも予測できる。彼は烈火のごとく怒り、カントールの学者生命を絶つために全力で攻撃してきた。ベルリン大学への就職などとんでもない。公私かまわずカントールの人格を攻撃するわ、編集者に手を回してカントールの論文が雑誌に載らないよう画策するわ、徹底的なカントールつぶしに出た。

無限という、なんとも得体のしれない妖怪相手に脳みそをすり減らしていたところへ、このような悪意に満ちた非難、妨害を受けて、カントールの頭は少しずつ崩壊していく。大学の教壇と精神病院を何度か往復するうち、次第に夢想の世界へ引き込まれていったカントールは、わけの分からないシェークスピア研究に没頭するなど常軌を逸した行動をとるようになり、一九一八年、七十三歳で死んだ。精神病院のベッドの中で。皮肉なことに、その頃、カントールの生み出した超限数は、数学における最重要領域のひとつとして多くの数学者から注目されるようになっていたのである。

これが、天才カントールの悲劇の一生であり、そして数学史上最大の悪役クロネッカーの悪行譚である。愚かな偏見にとらわれ、権威をかさにきて天才をいじめ殺した極悪の数学者クロネッカー。しかしその浅知恵も、時代のうねりには勝てず、いまではカントールの超限数や集合論こそが時代の先端を行く数学となっている。クロネッカーのような愚かな学者にならないよう、我々も自戒しなければならない、というのが常識的な訓戒だが、それで幕引きというわけにはいかない。ここまではカントール世界を紹介するための、ごく一般的な見学ツアーにすぎないのである。

数学における神の視点

カントール対クロネッカーの対立の意味については、これからあと、道は二つに分かれる。「カントール良し、クロネッカーだめ」という本道と、「クロネッカーもやりすぎだが、カントールの方がおかしいんじゃないのか」という玄人筋の見方である。だからクロネッカーを問答無用に悪人として切り捨てるのは早計である。カントールが悲劇的な死に方をしたことや、クロネッカーがベルリン大学教授という最高位にあったことなどが話を感傷的にしているが、事の本質はそう単純ではない。カントール対クロネッカー事件を、もう少し別の角度から見てみよう。

クロネッカーは先にも紹介したように、「神は整数を作られた。それ以外のすべては人間が作ったものだ」と言って数概念の拡張に抵抗した。確固とした神の視点を持っていた人物である。彼の神の世界は整数でできていたのである。一方のカントールは、無限にも様々な段階があるということを見出し、そういった無限の最高位、もはや数学も言語も超えたところにある究極の無限に神を見た。カントールにとっては、拡張された数の世界全体が神の世界を表していた。もちろん整数も神の世界の一部だが、それは一番低位に来る。

概念を上へ上へと包括しながらそれは次第に神に近づいていく。超限数は最も神に近い数であり、そこを登りつめた最後の壇上に神はいる。こうして、クロネッカーもカントールも同じように強烈な神の視点を持っていたが、その立場は正反対であった。

クロネッカーはカントールのアイデアを数学の堕落として厳しく非難したのだから、クロネッカーからカントールへと、数学は人間化の道をたどったと想定される。それにもかかわらず、カントールは自分が数学を人間化したなどとは露ほども思っていない。むしろ自分こそが数学を通して神への道を開いた先導者だと考えていた。実際、晩年になって精神に異常をきたしたころのカントールは、自分をただの数学者ではなく、神に選ばれた者だと言っていた。彼の実無限は、数学の概念であることを超越して、神の言葉になったのである。ここに、数学の人間化が含む特殊性がある。

先にも言ったように、数学の場合、物質世界からの情報によって従来の概念が変更されることはない。あくまで精神内部の論理思考が次第に先鋭化していって、それまでの体系では収まりのつかない点に到達すると、そこで大きな概念の拡張が起こる。変革する側も、守旧派も、どちらも精神活動のレベル内にあるという点が、他の自然科学とは異なる点である。そのため数学者は、自分たちの学問の人間化を人間化として認識することが難しい。実際には、普遍的神の視点を放棄して、人間存在に起因する特殊な視点を獲得しつつあるその途上にあっても、それを人間化とはとらえず、それぞれの段階の者がそれぞれに、自分たちの見解を普遍的真理、つまり神の世界だと考える。それだからこそ、クロネッカーは整数世界を神の世界だと言い、カントールは実無限の世界を神への大道だと考えたのである。

数学の人間化を正しく認識するためには、数学そのものの世界から一歩外に踏み出して、それを醒めた目で見る冷徹さが必要である。よほど知性の高い人でなければそういう芸当はできない。その代表的人物が、カントールとほぼ同時代にフランスで活躍した天才数学者ポアンカレである。ヒルベルトとポアンカレ。次のストーリーの主人公は、カントールの切り開いた実無限の世界をめぐって対峙する二人の巨人である。クロネッカーとカントールの対決が数学の人間化においていかなる意味を持っているのか、それは、この第二のストーリーを経てはじめて理解されるのである。

ヒルベルトとポアンカレ

カントールの仕事を認めるか認めないか。その後の数学は大きく二つの道に分かれた。認めたのはドイツ一の数学者、認めなかったのはフランス一の数学者である。その名はヒルベルトとポアンカレ。

科学者の写真や肖像はたくさん見てきたが、誰がカッコいいといって、ヒルベルトほどカッコいい人はいない。人によって評価はそれぞれだろうが、学者魂の権化のような、緊迫感ただようその容貌は、科学者にあこがれる私のような者にとっては天空の一番星である。名門ゲッティンゲン大学の若き天才教授にして、もてもてのダンディ。見初《みそ》めたレディーのもとへと、花束持ってさっそうと自転車をとばすその姿を私もひと目見たかった(一八六二—一九四三年)。

一方のポアンカレは、第一次世界大戦時のフランス大統領レイモン・ポアンカレのいとこにして万能の天才。数学、物理から哲学、文学までなんでもこなした、文字通りの知の巨人であった(一八五四—一九一二年)。この二人が、カントールの仕事をめぐって真反対の立場に立ったのだから面白い。

ヒルベルトという人は、いかにもドイツ人らしく、体系全体を基礎の基礎から順番に積み上げていって、一分の隙もない完璧な構造物にまで持っていくことを学者の本領と考えていた。そこには人間存在に由来する曖昧さなど一切許されない。数学というものは、我々人間とは別のところに絶対の真理として存在している、崇高なる神の殿堂であり、その全体を見通すことが数学者の究極の目的だと考えていたのである。

そのヒルベルトにとって、カントールが発見した集合論こそは天与の賜物と思われた。ヒルベルトが目指したのは、ある特定の公理と特定の論理作業をまず真理として設定し、それを組み合わせることで数学のすべての問題を機械的に解決してしまうような体系を構築することであった。俗っぽく言えば、どんな問題でも、打ち込めば自動的に答えが出てくるコンピューターのハードとソフトを考えようというわけである。その際に問題となるのは無限の扱いである。自然数・整数・有理数・複素数といった数論の基本要素はすべて無限である。点・直線・面といった幾何学の基本要素もまた、無限存在である。そして、そういった要素を論理作業によって組み合わせることで生み出される命題の数も無限にある。もしもヒルベルトが目指す数学の殿堂というものが完璧な形で存在するのなら、その内部では無限と無限の関係が正しく記述できなければならない。そしてそのような無限と無限の関係を扱える唯一の方法、それこそがカントールの編み出した集合論であった。

こうしてカントールの楽園に安住の地を見出したヒルベルトは、完全なる数学体系を構築するための数学者軍団を組織し、その先頭に立って駆け続けた。ヒルベルトは一九三一年まで駆け続け、そこで倒れた。有名なゲーデルの不完全性定理が突如として現れ、ヒルベルトの計画は絶対に完成しないことを数学的に証明してしまったのである。

ヒルベルトが目指していた体系の中では、いかなる数学的命題であっても、それが正しいか間違っているかを判別することができなければならない。つまり、正しい命題ならば必ず証明することができるということである。問題を打ち込んだら「解けるか解けないか、よく分かりません」などと答えるコンピューターでは困るのである。

ところがゲーデルが編み出した「論理思考の数字化」という方法を用いて問題をつきつめていくと、「その数学体系が無矛盾な場合、つまり完全である場合には、その体系を使って正しいということが証明できないような真理が必ず存在する」という結論が出てきてしまう。それだけではない。さらには、「無矛盾な数学体系においては、その体系が無矛盾であることを証明することはできない」という一層衝撃的な事実も確定する。完全な数学体系では、真理なのに証明できない事柄が必ず入ってきてしまう、そして、完全な数学体系は自分が完全だということを決して示すことができないというのだから、ヒルベルトが考えたような、真理ならば必ず証明できるという数学の殿堂は絶対にないということになる。

数学の世界では真理は必ず証明できる、という数学者たちにとっては考えるまでもない当たり前だった前提が、あっという間に崩れてしまった。真理でありながら、それが真理だということを証明できない場合があるという。

これが数学ではなく、もっと人間くさい世界ならば分かる。たとえば私が大嘘つきで、毎日人に嘘ばっかりついている人間だとする。だから「佐々木は嘘つきだ」というのは正しい。真理である。ところが私自身が「私は嘘つきだ」と言ったとすると問題が出てくる。お分かりのとおり、この言葉が本当ならば私は嘘つきだから、この言葉も嘘だということになる。そして、この言葉が嘘ならば、私は嘘つきではないということになるから、この言葉は本当だということになる。ぐるぐる回って、私が嘘つきなのかそうでないのか、決めることができない。「私は嘘つきだ」という言葉は、それだけを考えるなら、正しいか間違いかを決定できない命題なのである。

でも最初に言ったように、私は本当に嘘つきなのである。佐々木は嘘つきだというのはまぎれもない事実であるのに、「言葉の世界」に閉じこもって「私はなになにである」という自己陳述で物事を説明しようとする限り、その事実を明らかにできない。もちろん、その体系から外に出て、別の視点に立てばそれはなんなく証明できる。会議で遅くなると言って出かけた晩に、バーで飲んでいるところを捕まえれば、それでしまいである。

ヒルベルトは、こういった世俗の自己陳述が持つ曖昧さは数学の世界にはないと踏んでいた。しかしゲーデルは、それがあるということを、数学自身を用いて厳密に証明してしまったということである。その際用いられた数学理論は、他ならぬ、カントールが導入した集合論であった。ヒルベルトは集合論を用いて数学の殿堂を構築しようと計画したが、その同じ集合論が、その計画の不可能性を証明してしまったのである。

数学がもし仮に一個の完全な体系として構築されたとしたなら、その体系に閉じこもっている限りは、正しいことを証明することのできない真理があるという、この恐るべき事実をゲーデルが世に告げた時、あまりにも思いがけない内容で、ほとんど誰もその重大さを認識できなかった。学会発表の場に居あわせて、即座にその意味を見抜いたのは、天才数学者にしてコンピューターの父フォン・ノイマンただ一人だった。しかしやがてこの衝撃は世界の数学界を駆けめぐり、ヒルベルトの夢はあえなくついえたのである。

ヒルベルトは、このニュースを聞いたとき、受け入れざるを得ないことが分かっていながらどうしても受け入れることのできない事実を前にして誰しもがとる当たり前の態度を示した。すなわちむやみに怒り散らしたのである。当たり前と言えば当たり前だが、ヒルベルトらしくてなんとなくいい感じである。

このゲーデルの証明は、それから数年して、チューリングというきわめて個性的な論理学者によって別の形でも証明された。チューリングと、彼が仮想的に作り出したチューリング機械の原理（まさに現在のコンピューターのおもとになった原理）については、この章の最後で紹介するペンローズの『皇帝の新しい心』などの著作ですっかり有名になったが、その仮想チューリング機械を用いて、ゲーデルと同じ結果が導けるのである。

その後も、この領域での新発見は散発的にではあるが続いており、最近では「どんな体系を用いても答えが出せないような数論の問題がある」ということさえ証明されてしまった。もうここまでくれば、数学の人間化の様相は明らかである。数学も物理学とさほど違うわけではない。人間存在に起因する不可知性が次第に現れてきている。カントールの集合論の導入こそは、数学を決定的に人間化したということが言える。集合論とは、実は、神へと続く天の道ではなく、人間という生物が、物事を考える場合に、何を論理的とし、何を非論理的とするか、その思考方法を数学的な装いで表現したものだったということが言えよう。

「ポアンカレはどうした。ちっとも出てこないぞ」という声が聞こえそうだが、今まで語ってきた話の背後には、ずっとポアンカレが（一九一二年には亡くなっているので、ポアンカレの霊がと言った方がいいかもしれない）立っている。しかもちょっとうれしそうに「だからそう言ったじゃないか」という表情で。

初めて数学の本質を見通した天才

クロネッカー、カントールからヒルベルト、ゲーデル、チューリングといった面々が活躍するこのあたりの数学史で、私はポアンカレの扱いがあまりにも軽すぎるのではないかと思っている。もちろんポアンカレを軽んずる数学史の本などどこにもないが、このヒルベルト計画頓挫事件でのポアンカレの重要性があまり指摘されていないと思うのである。しかし、カントールやヒルベルトが進んでいる方向について彼が評論したものを読むと、その洞察の深さは尋常ではない。そこにはおそらく史上初めて、数学というものの本質を徹底して見通すことのできた数学者がいる。そしてそれは同時に、科学の人間化という現象全体の本質をも見通しているのである。

ポアンカレは大量の科学論を残しているが、その基盤は、「科学は人間が生み出したものだ。人間なしに科学的真理というものはあり得ない」という思想である。これは人間が科学を勝手に作り出したという意味ではない。外界は確かに存在しており、科学は、その外界の状況を正しく記述しようとする活動であるから、あくまで外界の状況をもとにして作られている。なにもないところから、人間が自分たちの都合に合わせて気ままに作り出したというものではない。科学の説明が外界の状況と正しく対応すること、それが科学にとっての必須の要件である。

しかし、外界はあくまで人間に科学を作らせる第一要因にすぎないのであって、外界からの刺激を認識し、思考し、総合して体系化するという作業を行うのは人間側である。したがって科学の中には、人間特有の認識方法、特有の思考方法、特有の総合方法が必ず含まれてくる。だから我々が科学的真理として受け取っている事柄も、実際には人間にのみ当てはまる、人間にとっての真理だということになる。

このようなポアンカレの考えは、科学の人間化という現象の本質をつく。近代科学の歴史は、科学的真理が人間の視点から見たひとつの見解にすぎないということを実証していく歴史だからである。

科学が生まれてくる過程を、ポアンカレの説明をもとに概観してみよう（私自身の解釈も多少入っているが）。まず原初の形として、単なる外界認識の段階がある。物心のつかない赤ん坊の感知する世界のようなものだろう。そういう状態で生活しているうちに、いくつかの基本概念が身に付いてくる。たとえば空間概念。空間の概念というものは我々が実生活の中で身体を動かしたり、目で物を見たりする時の筋肉感覚によって獲得される。手を動かして物をつかむ時、毎回同じ筋肉動作を行うことによって手に触れることのできる物を「常に同一空間に存在するもの」と判断するようになる。歩けないうちは、手を伸ばしても届かない所にある物は空間概念の中に含まれないが、やがて「歩いていって手を伸ばしてつかむ」という一連の動作ができるようになり、その筋肉感覚を記憶していくことで、遠くにある物体も、空間のそれぞれの位置に配置された形で認識されるようになる。さらにそれが、実際に行くことのできない彼方の物にまで連想で拡張され、最終的には「全宇宙空間」という概念を生み出し、それを外から眺めている自己を想像することができるようになる。私が言うところの神の視点の第一歩である。

また、この世界にはたまたま固体の物体が多いので、我々がそれを「つかんで動かして離す」場合、その行動の前後で、物体の形状は変化しない。このことから「空間内を、自己の形状を変えずに移動する物体」という概念が生まれる。これが力学のもととなり、数学ならば幾何学のもとになる。しかしもし仮に我々の暮らす世界が気体や液体でできた世界なら、そういった概念は生まれようがない。ある物体が形を変えずに移動する、という現象がないからである。

こういった事柄が積み上がった先に、我々が普段当たり前だと思っている、空間や時間の観念が成立する。数や量の観念も同様に、日常の経験から生じてくるものであり、それは人間という、二本足で歩行し、ふたつの目で物を見、親指と四本の指で器用に物をつかむ、ある特定の動物に固有の経験であるから、それに基づく種々の観念も、人間に特有のものなのである。

こうして人間は、外界からの情報を、人間固有の特殊な形で受け取り、それによって独自の世界像を構築していく。しかしそれが人間にのみ通用する世界像だという意識を持つことはない。世界は実際にそのような様相で存在しているのだ、自分たちの感じている世界像は絶対的なものだ、と確信しながら生活しているのである。

有限と無限の世界に橋をかける

ここまでは科学という特殊な活動を生み出す前の人間世界の状況である。もし我々が学校へ行かず、科学的思考方法を学ばなかったとしたなら、我々はこの段階の世界観で一生を終わることになる。その世界がなんらかの宗教的約束事に基づく世界であるなら、この世界観の各所に神の存在が設定され、神と共に生きる世界が形成されることとなる。昔の人間は、おおよそどこでも、こういった世界で生きていたものだ。

ところがやがていつからかは分からないが、この世界観を超えて、別の視点で外界を認識する方法が登場した。この本で私が論理思考と呼んでいる、特殊な思考方法である。ポアンカレは、その本質が数学的帰納法であると喝破した。それはこういうことである。リンゴが一個、リンゴが二個、リンゴが三個といった数勘定はどこの人間社会でも行われてきた。どこそこの未開文化では、数を数える時「一、二、三、たくさん」でおしまいだ、などという話をよく聞いた。ところがやがて、「リンゴが一個あって、そこにもう一個持ってくると二個になる。そこにもう一個持ってくると三個になる。このような手順はいくらでも続けることができる（だろう）。だから数というものは、一個ずつ増やすという手順を続けることで、いくらでも大きくすることができる（はずだ）。だから数には際限がない（はずだ）」と推理する人たちが現れた。同一の手順をいくらでも繰り返すことができるという前提を立てて、本来ならば手の届くはずのない無限の彼方にまで論理の糸を伸ばしていこうというのである。

これが数学的帰納法の発生であった。これは誰でも考えつくことのできる思考方法ではない。ある特定の時代の特定の人たち、おそらくは古代ギリシャとか、あるいはもっと古い古代エジプトなど、とにかく数学を発達させた文明において創作されたものである。だから数学的帰納法は学校でも、かなり高学年になって論理思考が確立してからでなければ教えない。それは自然に身につく思考方法ではなく、習ってはじめて使えるようになる、人工的思考方法なのである。

「$k=1$の時にこの規則は成り立つ。一方、$k=n$の時にこの規則が成り立つなら、必ず$k=n+1$についても成り立つ。以上のことによって、この規則はすべての整数について成り立つ」。子供が聞いたら「なぜ?」と首をひねるだろう。説明すれば納得する。納得はするが感得はできない。「際限なく繰り返す」ということが不思議なのである。それは我々の原初的世界観に属する思考ではなく、論理思考の結果、いやおうなく納得させられる事柄、「不思議だが本当な」ことなのである。

この数学的帰納法の登場により、我々は、実際に目の前にある世界を超えて、果てしなく遠い無限の彼方にまで推理を延長することが可能になった。有限の世界と無限の世界に橋をかけることができるようになったのである。もちろん、証明という特殊な論理思考も、この数学的帰納法なしには成り立たない。こうして数学的帰納法が登場したことで、数学は単なる数の置き換えである算術の段階から、数の世界の奥底に隠された真理を、証明という武器によって探り当てる、冒険者の世界へと変貌したのである。

帰納法的な思考を別の側面から見ると、基本的な規則さえつかんでおけば、あとはそれを現実の対象に際限なく適用することで、全世界の現象をひとつ残さず説明できるだろうと考えることになる。こうして、世界を単純な規則、単純な構造へと集約していこうという傾向が生まれてくる。そして、世界の様相をできるだけ単純な規則に集約しようという、この姿勢こそが科学一般の基本的スタンスである。つまり原初的世界像しか持っていなかった人類に、帰納法という特殊な論理思考が登場し、しかもそれが「不思議だが本当だ」といって皆に承認されたことにより、人類は科学という独自の領域を獲得したというのがポアンカレの見解なのである。

したがってポアンカレによれば、数学（およびその他の自然科学）とは、人間存在を超えた普遍的真理を探究する学問ではなく、あくまで人間が独自の規約を用いて作り上げる特殊な構造体系を構築する学問だということになる。その際に最も重要な制約は、その体系に矛盾が含まれてはならないということである。特に数学の場合は、それが命綱になる。矛盾が含まれていない限りは、どのような体系であっても構わない。そのそれぞれが立派な数学体系である。しかしそのどこかに矛盾がひとつでも含まれているなら、それは数学として全く無価値な、意味のないものになってしまう。矛盾なき体系を作る、そこにこそ数学の意味がある、とポアンカレは考えたのである。

ポアンカレは、科学の各領域が、ある特定の方向に向かって変容していくといったアイデアは持っていなかったようである。しかしそれでも、科学がそもそも人間存在に根ざした形で創作された世界であるのに、大抵の人たちはそれに気づいておらず、あたかもそれが天与の真理であるかのように信じ込んでいるという点をはっきり認識していた。

神のいた時代ならば、その真理の背後にいる人格としての神が、そしてその後の、人格としての神の存在が薄れた時代においては、その真理そのものが神となって、この視点は保持されてきた。ポアンカレはそういう状況を見事に見透かしているのである。

自然科学の中に身を置きながら、自分の置かれている状況をここまで冷徹に見通すことのできた人物は、当時ほかには誰もいなかった。ポアンカレは本当に偉い。彼は数学の本質をそこまで醒めた目で見透かしておきながら、その数学の世界で自在に能力を発揮し、誰にもまねのできない巨大な仕事を次々に生み出していった。

おそらくポアンカレという人は、艱難辛苦《かんなんしんく》の果て、なんとか頂上にたどり着くという努力の人ではなかったのだろう。そういう人は自分の世界をなにかと神聖視したがるものだ。ポアンカレは、仕事の結果がどんどん見えてくる本当の天才だったに違いない。だから彼にとっては数学も物理も、やればやるほど面白い結果が見えてくる、最高の遊技場だった。その遊技場が神の世界であろうが、人間が作った人工物であろうが、矛盾のない論理的な世界であるならどちらでもよかった。とにかく、考えて、そして結果を見るという作業に無上の喜びを感じていた、思考の超人だったのだと私は思っている。

生まれ変わったらどんな人になりたいか、と尋ねられたら、私は「ヒルベルトのような容姿と、ポアンカレのような頭脳を持った人になりたい」と答えよう（学生の前では「お釈迦様みたいな人になりたい」と言うことにしているのだが）。

ポアンカレの予言

カントールの仕事に対するポアンカレの反応は否定的だった。カントールの超限数や、集合論のアイデアは受け入れられないと言った。理由は、カントールのように無限を「もの」として扱う集合論は、最終的には自己陳述の段階で矛盾を引き起こすからだという。

無限の要素を含む集合を考えた場合、その集合自身はどこに含めるのだ、無限の要素を含むというのだから、その全体集合自身も含むと考えるのか、しかしそれなら、全体集合自身も含めたその全要素をひとまとめにして、もう一段上の集合が現れてしまうではないか。と、こういった「自分自身をどう表すのか」という点で集合論は必ず矛盾を引き起こす(「私は嘘つきだ」の延長にある話である)。矛盾しないことを数学の唯一にして必須の条件だと考えていたポアンカレにとって、カントールの集合論は、数学体系に含めてはいけないアイデアだった。それは数学を超えて、数学の土台になる論理思考、すなわち数学的帰納法の真偽を問う段階に入ってしまうから、立ち入ってはならない領域なのである。

したがって、そのカントールの集合論を用いて数学の殿堂を構築しようとするヒルベルトに賛成できるはずがない。「いまに矛盾が出てきて自爆するからやめた方がよい」とポアンカレは考え、警告していた。そしてすでに言ったように、その警告はポアンカレの死後、ゲーデルによって現実のものになったのである。

しかし、ポアンカレがすでに警告していたのだから、ゲーデルの仕事はさほど意味がない、などと考えてはならない。ポアンカレは「おそらく将来、深刻な矛盾が現れるであろう」とは予告していたが、それがどのような形で現れるのか、具体的なことは一切言っていない。数学界が仰天したように、その矛盾は、数学自身の厳密な証明により、きわめて明確な形で提示された。ゲーデルが世界を驚かせたその時に、もしもポアンカレが生きていたら「ほら、やっぱり言ったとおりだったろう。しかしそれにしてもこんな形で決着がつくとは思ってなかったなあ」と嘆息するかもしれない。

科学の論考で、喩え話を出すのはよくないことだが（それは絶対によくない）、仏教の方は比喩の宝庫である。私は科学者ではなくて仏教学者なので、たびたび喩え話を使うことを許していただきたい。

向こう見ずなやんちゃ者の集団が、冒険の旅に出た。みんな好奇心の塊みたいな若者ばかりで、危ないところでもどんどん入り込んでいく無鉄砲な連中である。森の中でも山の上でも、行けそうな所ならあとさき考えずにどこでも突進していく。これが数学者という集団である。

彼らは新しい道を踏み固めながら、先へ先へと進んでいく。困難なことがあっても、すぐれた知恵と強靭な自我のパワーで乗り越えていく。彼らの行く手には、進むことのできない場所などどこにもないように思える。

そうやって進んでいるうちに、彼らは今までに見たことのない不思議な地形に出会った。進もうと思えば進めそうな森なのだが、あたりには怪しげな妖気がただよっていて不気味である。その時、メンバーの一人ポアンカレ君がこう言う。「僕たちは今まで元気に進んできたが、これまでの経験から考えて、進んではいけない道というのもあるんじゃないかと思う。この森だけは行ってはいけない。ここを進むと、なにかとんでもない災難が降りかかってきて、僕たちの旅が終わりになってしまうだろう。ここはもう止めにして、他のところを探検しようじゃないか」。しかし元気のいい連中はその声に耳を貸さず「こういう見たこともない地形の先にこそ、素晴らしい楽園が待っているに違いない。それが分かっていて行かない手はないだろう。とにかく進んでみようよ」と言って、なだれをうってその森に突進していった。先頭はもちろんヒルベルト君である。

最初はなんとか先へ進めたのだが、中の一人ゲーデル君が突然、「見ろ、ここの地面に大きなひび割れがあるぞ」と叫んで、見つけた地割れを足で蹴ると、恐ろしい事に、そこから先の地面が一挙に崩れ落ち、切り立った断崖になってしまった。森の中を勢いつけて進んできた連中は、目の前に現れた突然の断崖にびっくり仰天して立ち止まり、おっかなびっくり崖の下をのぞき込む。そしてゲーデル君に「いやあ、よく地割れを見つけてくれたねえ。君のおかげでここから先は進めないということがはっきりしたよ。僕たちにも行けない場所があるということが分かったのは残念だけど、とにかく行ける場所と行けない場所の境界がはっきりしたというのはいいことだ。君のおかげだよ。これからは君を先頭にして、この境界線に沿って探検していこう」。こうして探検隊は、行ける範囲では今までどおりどんどん進み、ゲーデル君が見つけた断崖のあたりでは、少しずつ足場を固めながら、行ける場所と行けない場所の境界線を探っていくことになった。探検に新たな目標ができたという点では、断崖の出現もある意味、よい出来事だったと言えなくもない。

このような状況の中、地割れの発見者ゲーデル君の評判はうなぎのぼりに高まっていったが、最初に警告したポアンカレ君の方はあまり人のうわさにはのぼらない。血気にはやる若者たちに「ここからはやめとこう」と言ったところで詮無《せんな》い話だったし、危険地帯ではあるにしろ、新たに見つかった断崖がなかなか面白そうな場所だったので、最初の警告のことなど皆忘れてしまったのである。

しかし大切なのは、皆が「行ける行ける」と考えていた時に、ポアンカレ君ひとりが「ここだけは行けない」と判断した、その思考過程である。それは明らかに、他の連中より一段すぐれている。たしかにそこで皆を止めることは実際不可能な話だったかもしれないが、その時のポアンカレの思考は、皆が規範とすべききわめて重要なものであった。危険地域をあらかじめ察知するという点で、様々な場面に応用が利く。数学を絶対視せず、人間による創作物として客観視することで、「岡目《おかめ》八目《はちもく》」、人よりよく先が読める。おそらくこれからの数学が進む方向を考える上でも、ポアンカレの視点こそが依って立つべき基盤になるであろう。

ポアンカレがこの分野で過小評価される原因のひとつは、クロネッカーとひとくくりで扱われるという点にある。「二人ともカントールの説に反対した」という一点で同類だと思われるのである。たしかにポアンカレ自身、カントール説を批判する過程でクロネッカーの立場をある程度認めるような言葉も残しているが、実際の立場はまったく違う。クロネッカーは数の拡張を認めず、かたくなに神の視点にしがみつこうとした。悪人ではないが、数学の本質を見誤ったという点で、「間違った」のである。もともと人間が創造した数学という世界を、「ここまでは神の世界、ここからは人間の世界」と区分して考えるところに無理がある。これでは、数学の世界が狭くなってしまう。せっかく人間の論理思考が苦労して作り上げてきたワンダーランドの、ほんの一部しか使わないというのなら、それは偏狭で時代遅れなものにならざるを得ない。ポアンカレは決してそんなことは考えない。数学は矛盾さえ抱え込まなければ、どんな概念でも自由に取り込むことができる。数学ほど自由な世界はないと考えていた。ポアンカレがどれほど多くの革新的概念を作り出したか。その実績そのものがクロネッカーとポアンカレの本質的相違を如実に表しているではないか。

ポアンカレの死後、背理法を用いない数学というものを提唱したブラウワーも、よくポアンカレと並べられる。たしかにクロネッカーに比べればブラウワーははるかに自由度の高い数学者だったと思うが、それでもポアンカレが言いたかったことを体現したわけではない。クロネッカーは数概念の拡張に抵抗して、無理数以降の拡大された数を認めなかった。ブラウワーは論理思考の拡張に抵抗して、背理法以降の拡大された論理操作を認めなかった。しかしポアンカレはそのようなことは言わない。矛盾が含まれない限りは、どんなに不可思議で奇妙な概念でも受け入れてよい。自由な概念を思う存分に羽ばたかせるところに、数学ワンダーランドの真髄があると考える。この意味で、ポアンカレこそが、数学の本当の面白さを理解していた人物だったのではないだろうか。

クロネッカー、カントールに始まる超限数の物語はこれで終わりである。数学史上最大級の人間化と言った意味が伝わったなら幸いである。最後に、数学の向かう方向性について考えてみる。

人間の存在と数学の未来

ゲーデルによって数学に含まれる限界が明確に示されたが、この限界はあくまで数学という領域の外周を取り囲む隔壁であって、その内部にまで侵入してくるものではない。したがって集合論によって数学的論理全域を扱おうとしない限り、特段の混乱は生じない。フェルマーの定理のように、胸躍るテーマはまだまだ現れてくるだろう。そこには従来どおり、この世で最も美しい学問としての数学が存在し続ける。それを神の世界と考えても少しも構わない。「数学的真理は、人間存在を離れたところに厳として存在している神聖なる世界である」と主張することになんの問題もない。間違いなく、この世に数学ほど美しいものは他にないのだから、その宝物が、少なくともこの領域においては守られ続けるということで、ほっと胸をなで下ろすことができる。

しかし隔壁に近づこうとする時は事情が変わる。その時には、数学が本質的に人間存在に制限される、特殊な体系であることを自覚する必要がある。今後この分野では、ゲーデル君が見つけた断崖の輪郭を一層明確にし、数学という体系が全体としてどういう制限のもとで成り立つ領域なのかという問題を追求していくことになるだろう。それは美しい整然とした真理を発見するのではなく、真理だと思われていた事柄の中から真理ならざるものを見つけ出していくという、従来の数学とは逆の方向に向かうが、それでも新発見の喜びは同じである。とてもカッコいい仕事であることに違いはない。

もうひとつ、おそらくこれから盛んになるだろうと予想される分野がある。ポアンカレは人間の肉体機能が持つ特殊性から、幾何学という領域が生まれてくる過程を見事に説明した。トポロジーの育ての親にして、最高の幾何学者であったポアンカレが言うのだから凄みがある。では、肉体機能の特殊性が幾何学を生んだとするなら、精神機能の特殊性も様々な数学の発生に関わっているだろうと予想するのは当然ではないか。

我々の脳がどのように機能するのか、どのような特殊性を持っているのか、ポアンカレの時代には何も分かっていなかった。それでポアンカレは肉体機能にだけ絞って議論したのである。しかし最近の脳科学は、精神機能の構造にも探索の手を伸ばし、想像を絶するスピードで謎を解明しつつある。最終的解明が可能かどうかは別として、人間がどういう過程で数学的帰納法に納得したり、背理法を承認するのか、その理屈が解明される可能性は高い。

そうなると心身両面から、数学という学問の成立状況が説明できるようになる。これは数学という学問を、その隔壁の外から眺め、メスを入れて解剖していくような作業である。数学という学問領域を、人間の生理機能に基づいて解明する、そういう数学が生まれる。大方の数学者は嫌がるだろう。「生理数学」なんて名前を聞いたら身震いするに違いない。そしてこう言う。「これは数学の堕落だ」と。たしかにこれは数学の堕落であり、そしてそれゆえに、避けられない人間化の一環であると確信できるのである。

数学の人間化に関しての考察はこれで終わる。本当はもうひとつ、カオス理論とフラクタルについても語らねばならないが、そんなことをしていると、いつまでたっても仏教が始まらない（この本が仏教書であることをお忘れなく）。だからそれについては、全く不十分ではあるがほんの数行で通り過ぎることにする。

カオス理論は次のように言う。「もし仮に世界の事象が因果関係によってすべて決定されているとしても、最初の状態に少しでも不明な情報があれば、そのせいで未来を予想することは絶対にできなくなる。自然界では、最初の状態がほんの少し違っていても、その結果は必ず恐るべき食い違いへと進展するからである。したがって、物事の最初の状態を完全に知ることのできない人間にとって、この自然界の事象の動きを予想することは絶対にできない。量子論とは全く違ったスケールで、人間には認識の限界が存在し、その不可知性は絶対に避けられないものなのだ」。

一方フラクタル数学は次のように言う。「我々はこの複雑な世界が、単純な要素の組み合わせによってできているという先入観を持っている。神が世界を創造なさったと考えるなら、それが妥当な考えである。神が素材を組み合わせることで世の中を作ったとすれば、それは、単純な素材で複雑なものを作るという作業であったに違いないからである。しかし実際の自然界はそうではない。現実を観察してみると、複雑なものをいくら分割して細かくしていっても、複雑さは変化しない。マトリョーシカ人形のように、中から同じ複雑さがいくらでも現れてくる。したがって自然界は単純な要素の組み合わせで作られているのではない。ある同じ複雑さがスケールを様々に変えて、大きくなったり小さくなったり、全にして一、一にして全、そういう捉えがたい不可思議さで存在しているのだ」。

ここに我々はまたもや、視点を次第に人間へと降下させていく科学の方向性を見る。カオス理論もフラクタル数学も、コンピューター時代になって生まれた新生科学ではあるが、あっという間に科学理論の大きな柱になってしまった。ピタゴラス学派のリンチ事件や、虚数の認知に三百年かかったという事実と比べるなら、現代では科学の人間化を受け入れるスピードそのものが加速しているようにも思える。その先に何が待っているのか。停滞か爆発か。それはまだ分からないが、ともかく数学という領域においても、それが純粋な数学理論の領域であれ、カオスやフラクタルのように物理世界と接する世界であれ、人間化は着実に進んでいるのである。

付論　ペンローズ説の考察

科学論の最後として、ペンローズのアイデアについて一言述べておく。付論と題していることから分かるように、本書の基本構造とは直接関わらない脇道の話なので、ペンローズに興味のない方はとばして次の章に進むことをお勧めする。

ペンローズは現代物理学の旗手の一人として現在も活躍中のイギリスの物理学者であり、ホーキングと共同で行ったブラックホールの研究や、ツイスター理論、ペンローズタイルの発見など、数多くのめざましい業績を上げている斯《し》界《かい》のエースである。そのペンローズが一九八九年に『皇帝の新しい心』(The Emperor's New Mind)という奇妙なタイトルと、タイトル以上に奇妙な内容の本を出版した。

最初私は、この本の邦訳を手にして読み始めた時、頭がくらくらした。アルゴリズムとチューリング機械の解説にはじまり、フラクタル幾何学、ヒルベルトの数学殿堂化計画、相対性理論から量子論と、足取り軽くスキップしていく著者の後を追っていくことができない。一体、この本は何が言いたいのか。その肝心な点がはっきりしないまま、読み手は科学の万華鏡の真ん中に放り出されて、ただ呆然とページを見つめるばかりである。

目次に戻ってよく見ると、本の最後の方では脳科学や意識の問題が出てくるらしい。これはトンデモ本か？　しかし個々のテーマに関しては恐ろしく詳細で正確な解説がみっしりと詰まっている。これは（良い意味での）とんでもない本ではないかと思い始める。そして何度か振り出しに戻って読み直し、ついに読了した時、ようやくペンローズがどれほど革新的な提言を行っているか、その本質が理解できてきた。

彼は、現在のパラダイムとなっている相対性理論や量子論を超える、一層上のレベルの科学理論が存在する可能性を示し、しかもそれをどうやったら探し出せるのか、その具体的な方法までも提示しようとしているのである。皆が現在のパラダイムの中で安心して腰を落ち着けている時に、ペンローズは大胆にも、次のパラダイムに向けて積極的に動き出しているのである。

彼は、この本に続いて『心の影』、『心は量子で語れるか』、『The Road to Reality』といった本を出版しているが、その主張の要点はどれも同じである（ただし最後の『The Road to Reality』は内容がきわめて高度になっている）。もしペンローズの主張が正しいなら、彼は物理学の新たなパラダイムを作り上げた偉大な学者として科学史に名を残すことになるであろう。彼の主張が正しいのか間違っているのか、私のような門外漢が判定することなどできるわけもないが、人間化という側面からひとこと評することくらいは許してもらえるだろう。

ペンローズの著作には異なる二面性が現れているので、読み手は心して取り組まねばならない。ひとつは、いま言ったように、新たなパラダイムを見つけ出すための具体的な提案である。現在の科学理論のどこにほころびがあり、そのほころびをうまく処理して新たな理論を見つけ出すためにはどういった思考転換が必要か、それをペンローズは論理を重ねて提言していく。したがって、この側面を理解するためには、彼の絢爛《けんらん》たる知識の綾錦《あやにしき》からしっかりと論理の糸をたぐり出し、その糸のつながりを批判的に追っていかねばならない。

そしてこれとは別にもうひとつの顔、すなわち、現代物理学の広大な世界を一大パノラマとして一般読者の現前に広げてみせて、その面白さ不思議さを分かってもらおうという科学解説書としての側面が、彼の本にはある。チューリング機械をはじめ、我々の科学ごころを刺激する興味深いテーマを山盛り用意して、そのひとつひとつを精一杯分かりやすく、しかし決して読者に媚びることなく誠実に解き明かしていくその態度は、まさに一流だからこそできる至高の技と言えよう。

新理論を探求する思索の書と、すぐれた解説書という、この両面が渾然と一体化して、世にも希な知恵の世界ができあがっている。世界的ベストセラーになるのも当然であろう。しかしここでは前者の、パラダイム転換の可能性を提案する思索の書としての一面だけを取り上げることにする。後者に関しては、いまさら私があれこれ言うこともない。現代物理学の全領域を一気に見渡せる画期的な解説書として、それはすでに古典になっているからである。

新たな物理理論を模索するペンローズの主張は、次のような構成になっている。

1　真実でありながら、それを数学的論理思考によって証明することのできない命題が存在するということが、数学自身によって立証されている。つまり計算不可能性を持った命題の存在である（これは、今私がこの第三章で紹介した、ゲーデルの証明のことを指している）。

2　我々人間の意識というものは、単にコンピューター機能の複雑化したものではなく、コンピューターには処理できない事柄、すなわち計算不可能な事柄を処理する能力がある（と思われる）。

3　抽象的な数学世界における計算不可能性が、具体的な物理世界のどこに顔を出すかというと、それは数学的論理思考が現実世界と出会って軋轢を生じる場所ということになる。物理学にはそういう場所がただ一カ所ある。量子論における「波の収縮」である（ペンローズはこれを「量子飛躍」と呼び、Rという記号で表示する）。数学的思考では「可能性の重ね合わせ」としか表せないものが、一体どうして、現実の確定した事物として現れてくるのか。それは量子論によっては説明できない、現代科学唯一の不可解である。

この波の収縮こそが、計算不可能性の表れであり、物理理論のほころびとなっている。
4　現在の物理理論では、この「波の収縮」を説明することはできない。しかし、まだ我々が見つけることのできない、計算不可能性も処理することのできる新しい理論を見つけ出すことができれば、「波の収縮」も合理的に説明できるようになるだろう。それさえ見つかれば、量子論的確率の世界と、現実の確定した世界の両者がスムーズに連結されて、単一でエレガントな物理世界が見えてくるに違いない。
5　意識を生み出す脳という器官が、計算不可能な事柄を処理することのできる場所であるなら、それは、その我々の知らない未知の科学理論によって機能していると考えざるを得ない。
6　したがって、脳の機能を詳細に調べることが、その新理論を見つけ出す鍵となる。現在分かっている範囲では、ニューロン内部の微小管と呼ばれる部分が怪しい。ここを重点的に研究することで、新たな物理理論が見つかるのではないだろうか。

ペンローズの説は、物理学の世界だけでなく、数学・生物学から哲学に至る多くの分野でセンセーションを巻き起こしたが、それはこの主張内容を見れば当然のこととうなずけるであろう。相対性理論や量子論を超える物理の新理論が、微小管の中で見つかるとは。もし同じことを私が言ったとしたらお笑い種にしかならない。本を出しても、『ブッダはエチオピア人だった』などという本と一緒にオカルトコーナーに置かれてしまうだろう(ブッダがエチオピア人だったという説は一時ヨーロッパで定説になっていたことがある)。

しかしなにしろ、著者は学界随一のスーパー物理学者である。みんな「うーん」とうなって、目を白黒させるしかない。この説に対して、是非を問うのは時期尚早、結果が分かるのはまだ当分先の話だろう。だがともかく、現在のパラダイムである量子論や相対性理論を超える新理論を目指そうという、その志は伝わってくる。誰かがやらねばならない仕事なら俺がやる、というペンローズの気概は科学者のみならず、誰もが手本とすべき立派な態度だと思う。

このペンローズの説を、私が繰り返し言っている、科学の人間化という視点から眺めた場合どう見えるか、そのことだけを言っておきたい。ペンローズの説の論理的弱点は二つある。

1　脳はコンピューターと違って計算不可能な事柄を処理する能力がある、という主張に明確な根拠がない。

2　量子論における波の収縮を実在の現象として承認するための根拠が薄弱である。

まず1であるが、「脳はコンピューターとは違う」という事実が確認されない限り、脳が量子論を超える新理論に基づいて活動しているという主張は成り立たず、当然ながら微小管を調査する意味もなくなってしまう。ひとつの可能性としてペンローズ説を念頭に置きながら脳研究を進めることは必要だが、ペンローズ説を前提にしてしまうと、神秘主義が背後から忍び寄ってくる。

「脳は特別だ」というペンローズの考えは、言うまでもなく「人間は特別だ」というライエルやウォレスや、あるいはネオダーウィニズムの流れに属するものであって、科学の人間化から見れば時代錯誤的である。ペンローズは自分のことをプラトン主義だと言っているが、彼が自分をプラトン主義と言う場合、それはあくまで、「神の視点を含んだ世界が実在する」ことを信じているという意味だと理解しなければならない。

第二の点であるが、これについては、いくつかの著作の中でペンローズがどのような根拠に基づいて波の収縮の実在性を主張しているか、実際に確かめてもらうのが一番である。彼は、抽象的数学の世界で明らかになった計算不可能性が、現実の物理世界にも現れているに違いないと想定するが、その唯一の根拠が量子論における波の収縮である。波の収縮という、量子数学によっては説明のつかない現象こそが、現実世界に計算不可能性が顔を出している唯一の表出点だと言うのである。彼は波の収縮が現実の現象であると前提し、それをもとにして議論を進めている。そこに彼の説の肝心要、最大のポイントがある。もし波の収縮という現象が仮想のものであって、実際にはそのようなことは起こっていないということになれば、数学世界の計算不可能性と現実世界をつなぐ接点は一切存在しないということになるから、彼の説は根底から覆る。計算不可能性を基盤にして新たな物理理論を構築しようという方向性が無意味なものとなるのである。したがって波の収縮の実在性を確認することは、ペンローズ説にとって一番の関所なのである。そして、第一章で紹介したように、波の収縮を認める必要がないと主張する強力な理論、すなわち多世界解釈が現に存在するのだから、ペンローズはこれと真っ向から対決し、堂々とこれを打ち負かさねばならない。

ところがこの議論が恐ろしく弱々しい。分厚い彼の著作の中、多世界解釈を批判して波の収縮の実在性を主張する箇所を探すのは一苦労である。しかも実際に探してみると、実証的な根拠はなにもない。「多世界解釈のようなことが実際に起こっているとはとても信じられない」というのが唯一の根拠である（「多世界解釈は理論として経済的でない」とも言っているが、経済的でないのは波の収縮を認めても同じである）。

これもまた、ペンローズ流「プラトン主義」である。多世界解釈は、我々の自己同一性を崩してしまう。「人間はコンピューターとは違う」と考えているペンローズが、自分の同一性を否定することなどできるはずがない。「そんなことは信じられない。だからあり得ない」というペンローズの視点は、まさに神の視点である。したがって、少なくとも科学の人間化という側面から眺めた限りでは、ペンローズの主張は間違いであろう。

物理学の新理論がいずれ生み出されるに違いないという彼の考えは全くそのとおりだと思うが、それは計算不可能性を処理できる脳の微小管の中からではなく、多世界解釈を認めた上で、それをつきつめたところに将来現れるなんらかの説明不可能な矛盾の中から生まれるに違いない。

第四章

釈尊、仏教

——自己の努力だけをよりどころにした希有な宗教

科学の中にある人間化という現象について見てきた。この本では物理学・生物学・数学の三分野しか取り上げなかったが、科学がおおよそこの三分野を基盤として成り立っていることを考えるなら、科学全般が人間化していることは間違いない。その向から先には、人間の直覚によっては承認することのできない、現実世界の持つ不思議がある。

ただし、その不思議は神秘ではない。あくまで我々自身の論理思考に沿った、合理的判断の結果として出てくる不思議である。精密な数学的思考の結果として導き出され、しかも実験で確認された本当のことである。

では、この人間化という現象の先にはいかなる世界観が待っているのだろうか。キリスト教世界の中で神と共に生まれ、神と共に成長してきた科学が、その手を振り切って独り立ちした後、これから向から行き先には、何があるのだろう。

脳科学と人間化の関係

第一章から第三章までの考察で、科学の将来を予想する際、たびたび脳科学の重要性について指摘してきた。科学の人間化が、視点を神のレベルから我々人間に固有のレベルにまで下げるものなら、その人間固有の視点というものを具体的に形成する中心器官が脳である以上、その脳が注目されるのは当然である。直覚も、そしてそれと相矛盾する論理思考も、どちらも脳が形成する世界である。その直覚と論理思考の両者を土台として科学が生まれ、そして発展してきたのならば、脳の解明こそは科学の解明であり、そこが新たな科学理論の出発点ともなるはずである。

ただし、脳科学そのものが新たな科学理論の最前線になると言っているのではない。脳科学は、様々な領域で科学理論が成立していく、その成立機構を解明するにすぎない。脳科学自身が主役となって、そこにすべての科学理論が収束するなどということはあり得ない。科学というものは、あくまで外界からの情報が材料となって作られるものであるから、それと無関係に脳が勝手に科学的世界を構築できるはずなどないのである。

最近は脳科学が過大評価されて、「すべての科学理論は、社会状況に応じて脳が作り上げる仮想の体系だ」と主張する人たちもいるが、それは違う。外界からの情報は確実な実在であり、それをもとに、脳が人間独自の解釈法で作り上げるのが科学理論なのである。

喩えて言うなら（またまた喩え話で失礼）、脳は料理人である。外部から与えられた特定の食材を自分の技とセンスで調理し、独自の料理に仕上げて食卓に出す料理人だと思えばよい。同じ食材を用いても、それがどのような料理になるかは料理人によって違う。我々は、人間の脳という、ある特定の料理人が作る料理しか食べることができないが、その料理の名前が「科学」である。料理というものは、料理人さえいればできるものではない。あくまで料理のおおもとは食材である。料理人がどれほど見事な腕前の持ち主であったとしても、食材がなければなにも作ることはできない。外部世界という食材を、人間の脳という料理人が調理して、科学という人間固有の料理が生み出される。

今までは、その料理人が厨房の奥でこっそり料理をしていたので、誰もその正体を知ることができなかった。出された料理を「おいしい、おいしい」と言って食べるだけで、その料理が一体どのような方法を用いて、どういった手順で作られたのかを知ることはできなかった。食べる側としては、そのおいしい料理がもともとそのような形で外界に存在しており、それがただ皿に盛られて食卓に供せられたものだと思い込んでいた。途中に料理人の手が加わっているとは思っていなかったのである。それが脳科学の発達により、調理の現場を見ることができるようになってきた。それは科学という名の料理の制作過程を見るということであり、生の食材が立派な料理に仕上がっていく経過を知るということである。これによって、科学の本質をより深く理解することが可能になるであろう。

しかし、いくら料理人の仕事が明らかになったからといって、それで料理そのものがすべて理解できるわけはない。やはり科学的探求の最終目標は外部世界の本性を解明することにあるから、脳科学の役割はあくまでその手助けである。今までは調理された料理ばかり見ていた我々が、料理人の仕事を実際に知ることで、その料理のもとになった最初の食材の様子を、より正確に推測することができるようになるということである。

おそらくこれからの科学は、脳科学によって得られる脳の働きに関する知見（料理人の仕事）と、従来の科学理論（出された料理）をつき合わせることで、実際に見ることのできない外部世界の実像（生の食材）を推測するという作業が主になっていくであろう。今までは外部世界そのものの直接記述だと考えられてきた科学が、実際には外部世界そのものと、それを特定のフィルターによって人間独自の体系へと偏向させる脳との共同作業によって作られるものだということが広く承認されることで、外部世界にアプローチする方法が根本的に変わってくるのである。

これは科学の大革命であり、人間化の巨大な一歩である。そこにこそ脳科学の持つ重要性が存在する。神の視点が人間の視点へと変移し、さらにそれが、人間という生物の特殊性をも通り越して、より一般的な視点へと移り変わっていくのである。

この脳科学という特殊な領域であるが、科学の人間化が加速度的に進んだ二十世紀の百年間と軌を一にして発展してきたことは単なる偶然ではない。脳科学の最初の一歩がいつ踏み出されたのか、意見は人によってそれぞれだと思うが、脳の作用が重層的な構造を持っており、意識はあくまでその表層的な現れにすぎないという重大な枠組みを提示したという点でフロイトを出発点とすることにさほど異論はなかろう。

そしてそのフロイトが精神分析学という、脳科学の土台を示した時期が、まさに二十世紀初頭、物理・生物・数学の各分野で人間化が急速に進みつつあった、そのただ中であった。そしてそれは決して偶然そうなったのではない。脳科学は、科学の人間化を見据えた上で、必然的に発生してきた学問なのである。

フロイトへの批判はなにを意味するのか

フロイトの精神分析学に批判的な脳科学者も多いが、その最大の原因は、彼が脳の機構に関する実証的データもないのに独断的に精神構造を説明しようとした点にある。その批判は確かにあたっている。今からふり返って見れば、フロイトの学説には、とうてい受け入れられないような点も多い。しかし当時の状況としては、ほかに方策などなかった。ダーウィンが遺伝法則についてはなんの知識も得られていない時代に洞察力だけで進化論を構築したように、フロイトは脳の生理学的知見がほとんどない時代に、目の前の患者たちとの対話を唯一の手段として、精神を科学の対象物として扱うという画期的な道を踏み出した。これは実に賞賛すべき功績である。

フロイトの洞察の鋭さはたいしたものだと思う。精神の構造を解明するという作業の先陣をきったフロイトは、自分の仕事が、科学の人間化と密接に関係していることを正しく認識していた。これは恐るべき先見性である。彼は一九一七年に発表した『精神分析入門』の第十八講で、そのことをはっきり語っている。

フロイトが人間の心の無意識なるものを強調する精神分析という学問を創成した時、西欧キリスト教社会はこれを強烈に批判した。神の創りたもうた生物の中でも人間だけは特別な存在であり、その人間を人間たらしめる最も重要な機能、つまり人間の精神は、この世の中で最も崇高なものでなければならない。ところがフロイトなどという怪しい医者が現れて、その人間の精神は、どろどろした無意識の汚泥であって、我々の日常の意識は、その汚泥の表面に浮かんでは消える泡のようなものだと言い出した。純真無垢な幼子や、篤信のキリスト教信者の心の奥にさえも、無意識の欲望がうずまいているという。これはまったく神への冒瀆であり、許しがたい邪説である、というのが非難者たちの言い分である。

フロイトは『精神分析入門』の第十八講で、そういった非難に対して反論する。その反論の主旨は、私自身の言葉を使うなら、「科学は次第に人間化していくものであるが、それは反対者から見ると自尊心を傷つけられ、侮辱されたように感じられるものだ。私の説を非難する人々は、自分たちの大きな自惚れが侮辱されたことで感情的に反対するのだ。我々はその反感が間違っているということを、誰にも身近な経験材料によって実証していかねばならない」と言う。そして過去にも二度、同じように人々が自惚《うぬぼ》れの鼻をへし折られた例として、コペルニクスによる地動説の主張と、ダーウィンやウォレスによる進化論の出現を挙げる。

フロイトは「下降感覚の原理」を正しく感じ取っており、自分の説が人々に「侮辱されたという印象」、すなわち「下降の感覚」をもたらしたことで、自説の正しさはかえって保証されることになると考えているのである。ユダヤ教徒であったフロイトはキリスト教の世界観に反発を感じてこういう態度をとったのかもしれないが、動機はどうあれ、まだ科学の人間化が明確には現れてきていないこの時期に、その本質を見抜いた力は大変なものだと思う。

ということは、精神分析学は、その出だしから、科学の人間化を眼中に置いて始められた学問だということになる。だからそれは、科学の人間化が本格化してきた二十世紀という時代になって花開くことが定められていた学問なのである。二十世紀に、科学の人間化と精神分析の興隆が同時に進んだということは、まったく当たり前のことだった。フロイトの時には研究方法も研究機材も不十分で、科学とも新興宗教とも知れないあやふやな形で迷走していた精神分析ではあるが、その進むべき方向はこのように最初からしっかり決まっていた。それは科学の人間化をサポートし、ゆくゆくは全科学領域と人間存在とのジョイント役として機能すべき重要な使命を帯びていたのである。あとは科学的データを得るためのテクニックと情報が出揃うまで待てばよかった。そしてそれがまさに、今の我々の時代、脳科学の時代なのである。

フロイトの先見性は今ようやく実をつけつつある。先にも言ったように、脳作用の解明により、科学全体が大きく変容していく時代が到来しているのである。

人間化は実は仏教の話

以上延々と科学について語ってきた。仏教のことが全く出てこないので首をひねっている方もおられるだろう。しかし、書いている私の側から言うと、実は今まで書いてきたことは仏教と密接に関連することばかりである。科学の様々な領域で人間化が起こり、神の視点が次第に放棄され、人間固有の世界観の中でしか生きられない自分の立場を自覚していく、その先に何があるかと言えば、絶対者のいない法則性だけの世界で自己のアイデンティティーをどうやって確立していくのかという話に決まっている。それは仏教の話である。

科学は物質世界の真の姿を追い求めて論理思考を繰り返すうちに神の視点を否応なく放棄させられ、気がついたら、神なき世界で人間という存在だけを拠り所として、納得できる物質的世界観を作らねばならなくなっていた。一方の仏教は、同じく神なき世界で人間という存在だけを拠り所として、納得できる精神的世界観を確立するために生まれてきた宗教である。

仏教と科学の違いは、仏教とキリスト教の違いよりも小さい。科学の人間化を一本のベクトルとした場合、出発点にはキリスト教をはじめとした一神教世界があり、反対側の到着点に仏教がある。もちろん科学が最終的に仏教になるなどと言うのではない。両者はそもそも求める目的が違う。しかし、その目的を求めて我々が活動する、その活動の場が、仏教と科学では同次元なのである。

仏教と科学が親近性を持った人間活動だという事実をまずは提示したが、こんな頭ごなしの言い方をしても納得してはもらえないだろう。ここから後、仏教に関する詳細な説明が是非とも必要である。

仏教は、全体像を把握するのがきわめて困難な、とらえどころのない茫漠とした宗教である。いま私は「仏教と科学には親近性がある」と言ったが、読者の方たちの多くは「うーん、なるほど、よく分からんが、そう言われればそんな気もするなあ」と思われたのではないだろうか。それが怖い。たとえば私が「仏教とは人間の小賢しい計算など超越した、奥の深い教えである。現代科学では決して到達できない人間存在の本質をブッダの知慧《ちえ》によって一気につかみ取ってしまうところに、その本義がある」と言ったとしたらどうか。さっき感心した同じ人が、この言葉に対しても「うーん、なるほど、仏教らしいなあ」とうなずいたりするのではないか。「仏教とはこだわらないことだ。すべてのこだわりを捨てて、自然体で生きよ。そこにはじめてブッダの教えが見えてくる」と言ったらどうか。「おお、素晴らしい。これこそ仏教だ」ということになるのだろうか。言っていることはむちゃくちゃで意味がなくても、それらしい言葉をつないでいくと、なんとなく重みが出てくる。ただの道徳でも、そこに「奥の深い」とか「超えた」とか「自己の転換によって」などという修飾句をくっつければ仏教的な雰囲気がただよってくる。ここに仏教理解の難しさと危うさがある。

仏教とは、そういう言葉のパレードをことごとく受容してしまう恐るべき寛容さ、もっと率直に言えば恐るべきいい加減さを含んだ宗教である。そういった仏教の寛容性につけこんで、ありきたりの文句にさも意味があるかのような解釈をつけて世に広める人たちがいるせいで、仏教の真の姿はますます見えにくくなってしまう。「こだわらないこと」が仏教なら、仏教徒は脳天気な阿呆の集団になってしまうではないか。

まず大切なのは、仏教のそういったいい加減さというものは、仏教が本来持っていた特性ではないということを認識することである。仏教というのは、あくまで一個の宗教であるから、元来が一個の特殊な教義を主張する運動である。世の道徳的な考えをなんでもかんでも受け入れて、「それも仏教じゃ」などとすましている偽善的活動ではない。

仏教が「ある特定の教義を主張する一個の宗教だ」ということは、言われてみれば当たり前のことであるのに、それに気づいている人は意外に少ない。特に日本人の多くは、仏教というのが、どんなものでも受け入れていく懐の深い宗教だと思い込んでいる。たしかに日本仏教だけを見ればそういう面も強いが、決してそれが仏教の本来の姿というわけではない。

ではなぜ、本来は「ある特定の教義を主張する一個の宗教」だったはずの仏教が、今のような「なんでもあり」の宗教になったのか。それは、そうならざるを得なかった歴史があるのである。その歴史を知らずして、「仏教とはなにか」を理解することはできない。そして「仏教とはなにか」が理解できなければ、仏教と科学の関連性を探求することなど望むべくもない。そういうわけで、仏教に関する、歴史的な視点からの詳細な説明が是非とも必要となってくるのである。

仏教はもともと多様化していたのか

ではそろそろ話を仏教に移していく。これから先、仏教の何について語るのかというと、その「区分」である。少し詳しく説明する。

仏教という宗教は長い歴史の中で大きく転変し変容してきたが、その結果、様々な方面に分化してしまった。現在我々の目の前には、そうやって分化した多種多様な仏教が山積みになって置かれている。スリランカやタイ、ビルマなど東南アジア諸国の上座部仏教(俗にいう小乗仏教)も仏教ならば、チベットにも独自の仏教がある。台湾の仏教に韓国の仏教、ベトナムの仏教も独特である。そして日本の仏教。国別に見てもこのように多種多彩である上に、これらひとつひとつの国の内部には、またそれぞれに多くの異なる宗派が並存している。日本一国に限って見ても、その驚くべき多様性は誰の目にも明らかであろう。浄土系に法華経系、禅、密教、南都の諸宗派に新興宗教まで含めて、およそひとつの宗教とはとても言い難い多様性が現れてきている。

仏教という宗教は、二千五百年間にわたって東アジア全域で展開してきた宗教運動であるが、それは多様化の歴史でもあった。その中にはおよそありとあらゆる形の思想、アイデアが含まれている。

どんなことでもよいから好きな思想やアイデアをひとつ挙げてみてほしい。それと似たものは必ず仏教の中に見つかる。原子論でも相対性理論でも、心理分析でも量子論でもカオスでもなんでもいい。それらと似たものは必ず仏教の中にもある。しかしそれはあくまで「似たもの」にすぎない。意識的に似たものを探そうと思って探せば見つかるということである。同じ人間が考えることだから、洋の東西を問わず、似たような考えが生まれてくるのは当たり前のことだ。だから、それが見つかるからといって仏教が特別にすぐれているという証拠になるわけではない。

華厳経にフラクタルを見たり、法華経と量子論をくっつけたり、宇宙論にマンダラを持ち込んできてもなんの意味もない。面白いかもしれないが、そこから何が生まれるわけでもない。ただの思考のお遊びにすぎない。むしろ驚くべきことは、なんでも見つかるその仏教の幅の広さである。これは、いま言ったように、仏教が常に分化分裂を続けた結果、きわめて多様な形態を含み込んだ複合的宗教になったことが原因である。

その多様な仏教のそれぞれの要素は、長い時間を経て生まれてきたものであるから、それぞれが独自の歴史的背景を持っている。皆それぞれに個性と自立性を持っているのである。しかし現代の我々からはそれが見えにくい。すべてが仏教というひとつの枠の中で同列に並んで見えてしまう。これは危険なことである。

たとえばブッダすなわち釈尊の時代の仏教の要素と後期密教時代の教義は、千年近くのずれがある。それをひとつにまとめて考えても実際は意味がない。ありもしない架空の仏教を想定することになるし、下手をすればとんでもない邪説を生み出してしまうことにもなる。釈尊時代の教団生活と、密教での菩薩観を無理に結びつけることで、「この世には殺してあげた方がよい人たちがいる。そういう人たちを殺してあげるのが、正しい道だ」というポアの思想を生み出したオウム真理教がよい例である。それぞれが単体としてはきわめて穏当な教義であるのに、化合させたとたんに劇薬に変貌する。仏教を、なんでも受け入れる寛容な宗教だと考えるその先には、他者を害する邪悪な行為でさえも、必要悪という名目のもとに受け入れてしまう危険性が存在する。

このような過ちを防ぐためには、なにをおいても、仏教を正しく理解しようという誠実な姿勢が必要である。そして、仏教を正しく理解するためには、いま言ったような、仏教の多様化した形態をきちんと区分し、それらを混同しないようにしなければならない。それが「区分」の意味である。そうやって区分していく中で、科学と関連性を持つ仏教と持たない仏教の違いも見えてくる。その段階ではじめて、科学との関連性を持たない仏教は脇に置いて、科学と関連する仏教だけに焦点を絞って考察することが可能になり、仏教と科学の隠れた関係性の解明という作業が軌道に乗ってくるのである（科学との関連性を持たない仏教を脇に置くというのは、決して放棄するという意味ではない。科学との関連性という本書のテーマにおいては考察対象からはずすというだけのことである）。まずは仏教成立以前の状況から概観していこう。ちょっと変わったところから話は始まる。

ヨーロッパ人、インドに大きな関心を持つ

十七、十八世紀から第二次世界大戦までの長期にわたるイギリス植民地政策は徹底した商売人気質を基盤としており、儲かるからやる、儲からないならやめるという、きわめてドライな方針で一貫していた。

インド支配を例にとっても、「支配の目的は儲けること」という原則は見事に貫かれている。紅茶が儲かるとなると、丘陵地帯の樹木を一切合切すべて切り倒して茶畑に変える。阿片が儲かるのなら、ケシの生えそうな所を全部ケシ畑にする。その徹底ぶりは見事なもので、インドやスリランカの丘陵地帯で茶畑を見たことのある人ならご存じだろうが、バスで一日走り続けても、見渡す限り、山のかなたまで茶畑である。もともと生えていた木々を切り倒し、そのあとにお茶を植えたわけだが、その規模の大きさが植民地支配の欲望の大きさを表している。

その一方で、自分たちの宗教であるキリスト教を被支配国に押しつけようなどとは考えない。布教師が広める分にはいっこう構わないが、イギリス国家の国策として相手国をキリスト教化しようなどとは思わない。一応試してみて、うまくいかないとなるとすぐにあ

きらめる。無理強いは無駄な出費につながるからである。

このようなきわめて現実的な方針で植民地支配を続けていたイギリスは、本国から支配地域へ送る人間に関しても、できるだけ無駄が出ないよう合理的に考えていた。ごく上層の支配階級にはイギリス本国人を送り込むが、雑務は現地人の中から優秀な者を抜擢して安い賃金で雇うのである。最も維持費のかかる軍隊にしても、現地の勇猛な民族や部族を、まるごとおかかえにして専属部隊として使う。このようなずる賢いやり方で、イギリスは莫大な富を手に入れ、世界の最先端国家になっていったのである。

そしてこうした方策を実行するためには、本国から支配地域へと送る少数の人間は、ひとりでいくつもの仕事が遂行できる優秀な人間でなければならなかった。無駄なく儲けるためには、支配体制を維持する政治的手腕と、さらなる儲けの種を見つけることのできる学者的能力の両方を兼ね備えた人材が必要とされたのである。

言語学者でありながら裁判官というのは今なら異色であろう。しかし十八世紀のインドならば、イギリスからやって来る人材としては希なタイプではない。行政官と学者を兼ねることは、業務遂行のための必要条件だったのである。

その問題の人ジョーンズは、十八世紀後半、一七八三年から十年以上にわたって、ベンガル高等裁判所の判事として活動したが、その本性は四十カ国語以上の言語を理解する第一級の言語学者であった。彼は赴任期間中、学者としてインドの言語を詳細に調査し、そして驚くべき事実を発見した。おそらくそれはイギリス植民地政策の歴史の中で最も偉大な発見であろう。

彼は、インドの古典言語であるサンスクリットが、ヨーロッパの諸言語と同じ構造を持っていることを見つけたのである。サンスクリットとヨーロッパ諸言語を比較すると、間違いなく同系統の言語である。しかもヨーロッパ言語でも特に古いもの、すなわちラテン語や古代ギリシャ語との類似が顕著である。ということは、ヨーロッパの言語とインドの言語はもともと同じひとつの起源から出発して、途中で分かれたものだということになる。

ジョーンズはさらに、インドとヨーロッパの中間に位置するペルシャの言葉も、古くさかのぼればやはり同じ起源に行き着くだろうと予測し、実際そのとおりであった。ヨーロッパからペルシャ、そしてインドまでの広大な地域が、ひとつの言語地帯だったのである。

この事実は当時のヨーロッパ社会に衝撃を与えた。

日本人が宇宙船を造って火星探検に出掛けたとする。宇宙服を着た飛行士が地球を遠く離れた火星の大地を歩き回っていると、岩陰からタコのような姿をした火星人が突然現れて、「ここにゃにゃちわ、ようこそいらっちゃいました」と日本語で挨拶したようなものである。そりゃあびっくりする。「どうしてこんなところで日本語が？」とたまげるはずである。これはいささかオーバーな喩えだが、当時のヨーロッパ人が感じた驚きは、これと同類のものであった。「どうしてこんなところに我々と同じ言葉があるんだ！」と仰天したのである。

もちろん、それがきっかけとなってヨーロッパ人のインドに対する好奇心は爆発的にふくれあがった。インドを研究することは、自分たちのルーツを研究することになるからである。インドやペルシャを研究するための学部や機関がヨーロッパ各地の大学に作られ、英才が競い合う人気部門となったのである。

ユーラシア大陸の広大な地域で使われている多数の言語が、もともとはひとつの言語から生まれてきたということが分かった。では、これら同一系統の言葉をひっくるめてなんと呼んだらよいか。一八一三年、イギリスのヤングはそれを「インド・ヨーロッパ語族」と呼んだ。それ以来、その名称が定着した。ヤングというのは、あの二重スリット実験のヤングである（全体名称はトーマス・ヤング）。この人、本職は医者でありながら、患者を治療することには全然興味がなくて、光学はやるわ言語学はやるわ、エジプト象形文字の解読にまで一枚かむほどの多芸の天才だったのである（ただしあきっぽかった）。

さてそのインド・ヨーロッパ語族であるが、今の常識から言えば、この広大な地域が同一系統の言語で統括されるなら、その地域はひとつの民族によって領有されていたという仮説がすぐにも出てきそうなものである。ところが世紀がかわって一八〇〇年代になってもそんな説は一向に現れなかった。「言語に共通性がある」という事実が確認されたのに、「それはいかなる民族によって用いられていたのか」という疑問が出てこないのである。

なぜだろう。

第二章の進化学の歴史を思い出していただきたい。一八〇〇年代初頭というと、まさにラマルクからダーウィンへと生物進化の根本概念が変化していく時期である。聖書の歴史を絶対視するキリスト教史観が次第に薄れてきて、客観的学問としての歴史学がようやく産声を上げはじめるその変遷期の真っ只中にあたる。言われてみて驚くのだが、ずっと聖書に縛られていた西欧社会で、本当の歴史学が誕生したのは、この、わずか二百年ほど前の時期なのである。ジョーンズがインド・ヨーロッパ語族の存在を証明してみせても、その時点ではまだ聖書の歴史が支配的であったため、言語的発見が歴史を書き換えることなどできなかった。そういう時代である。

聖書をそのままに信じるなら、世界は紀元前四〇〇四年に創られたことになるという。つまりこの世は、生まれてからまだ六千年ほどしかたっていないのである。しかも、世の中に異なる系統の言葉が存在するのは、ノアの三人の息子がそれぞれ違う言語を広めたからだということになっている。これでは、「インド・ヨーロッパ語族の元になる言語を使っていた未知の民族がおり、それが長い時間の間にユーラシアの広大な地域に広がっていった」という、聖書には出てこない出来事を新たに受け入れるだけの余裕がない。聖書を絶対視する限りは、インド・ヨーロッパ語を広めた未知の民族の存在を想定することは不可能だったのである。

ダーウィンの『種の起源』が出版されて評判になったのは一八五九年だから、一八〇〇年代初頭からその時までの五十年間で、ヨーロッパのキリスト教史観は大きく後退したことになる。そしてまさに、そのダーウィン進化論が決定打となって、地球の歴史、生物の歴史、人間の歴史は、数千年というみみっちいレベルから数万年、数百万年、数億年という巨大な時間単位へと移行したのである。ダーウィン進化論の登場は正真正銘のパラダイムシフトであるが、パラダイムシフトというものは、当事者が想像もしなかった大きな変化を社会に与える。社会を根底から揺さぶる大変動である。ダーウィン進化論の影響は、ダーウィンが思ってもいなかったところにまで及んだ。その好例が、インド・ヨーロッパ語の担い手として新たに想定されることになった人々、すなわちアーリア人の登場なのである。

アーリア人の登場と仏教のつながり

人類の歴史が六千年ではなく十万年、百万年の単位で測れるものならば、そして聖書の記述をそのまま信じる必要がないならば、インド・ヨーロッパ語をユーラシアに広めた未知の民を想定することが可能になる。では、その人たちを我々はなんと呼べばいいのか。おそらくその人々は、現在インド・ヨーロッパ語族の言語を使っているいろいろな民族の祖先にあたるのだろうが、その人たちが直接残した文献資料などどこにもないから、名前のつけようがない。そこで学者たちは、現存する最古のインド・ヨーロッパ語の言語資料であり、インドのバラモン教（およびヒンドゥー教）で現在も最重要の聖典とされている『ヴェーダ』という書物の中に手がかりを探した。

『ヴェーダ』はインドに伝わる神の賛歌集であるが、そこでは神々の力を借りて悪人どもを征服する正しき者たち（つまり自分たち）のことを「アーリア」と呼んでいる。そこで、このインド・ヨーロッパ語を使っていたおおもとの人たちは、便宜的にアーリア人と呼ばれることになった。アーリアという呼称はインドの『ヴェーダ』だけではなく、イランやペルシャの資料にも現れるので、かなり一般的なものであったと思われる。あくまで便宜的な呼び名ではあるが、今のところでは最も妥当な呼称であろう。

このアーリアという名前を学問的に初めて用いたのは、当時第一級の神話学者にして比較宗教学者であったミュラーらしい。彼は『ヴェーダ』をもとにして、「インド・ヨーロッパ語族の祖語となったおおもとの言語を使っていた人たち」を指す名称としてアーリア人という術語を創案したのである。

非常に面白いことに、このミュラーは反ダーウィン説であった。どういう点で反ダーウィンなのかというと、進化は認めるし、変異と淘汰という二本柱も認めるが、人間の文化だけは進化の産物ではないと主張した。「人間だけは特別」派である。ライエルやウォレスと同系統ということになる。ダーウィンの『種の起源』によって聖書の歴史観が否定され、そのおかげでアーリア人という存在が認知されるようになったのだが、そのアーリア人という名前の名づけ親であるミュラーは、ダーウィン説を否定していたということになる。人の立場はいろいろ複雑ですね。

ついでに言っておくと、このミュラーは、明治時代、ヨーロッパのサンスクリット仏教学をはじめて日本に導入するために海を渡った二人の留学僧、南条文雄《なんじょうぶんゆう》と笠原研寿《かさはらけんじゅ》の恩師である。日本の仏教学にとってとても縁の深い人なのだ。

こうしてキリスト教史観の衰退と進化論の登場により、ようやくアーリア人の存在が世界史の中に位置づけられることとなった。なぜここで、こんなに詳しくアーリア人のことを語るのかというと、このアーリア人がインド方面へ持ち込んだ独自の文化が、インドで仏教という宗教が誕生する直接のきっかけになったからである。

仏教は釈尊がなんとなく気まぐれで作った宗教ではない。どうしても、この時代にインドという地域で生み出されねばならない必然性があるから生み出された宗教である。そしてその必然性を理解するためには、仏教の誕生よりもはるか以前にインド社会の基盤を作ったアーリア人という人たちの存在を知っておかなければならないのである。もう少し、アーリア学説の話を続ける。

インド・ヨーロッパ語族のもとになった言語（祖語）を話すアーリア人という人々の存在がクローズアップされてきた。最初ミュラーがこの術語を使い始めた時には、それは特定の一民族を指すものではなかった。なにも具体的なことが分かっていないのだから、インド・ヨーロッパ祖語を使っていたのが単一民族かどうかも分からない。ともかく「インド・ヨーロッパ祖語を使っていたと想定される人たちのことを便宜的にアーリア人と呼ぶ」というのがミュラーの考えだった。

ところが次第にこの語が一人歩きするようになる。インド・ヨーロッパ語族を生み出したある特定の民族を意味するようになり、さらにはユーラシア大陸の大方を征服した世にも優秀な民族という意味にまで転化していく。アーリアという言葉に文化的優越性の概念が結びついてくるのである。そして折悪しく一九二〇年代にドイツで台頭してきたナチスが、これを利用する。

アーリア人の存在が認知されてくるのにしたがって、その生まれ故郷はどこかという問題が重要な研究テーマになってきて、学者たちが様々な説を出すようになった。研究方法は人によって異なるが、共通して言えることは、今は失われてしまったある特定の人々の往事の様子を、現在残されているわずかな手がかりをもとに復元していくということである。このように言うと、なんだか進化学の話のようにも聞こえるだろう。今は絶滅してしまった生物種の状況を、現在手に入る化石や遺伝子情報を手がかりに解明し、生命がたどってきた歴史を再構成するのが進化学である。一八〇〇年代後半から一九〇〇年代にかけて発達したこの学問は、ほかの学問領域にも大きな影響を与えたが、アーリア人の起源の問題もまた、そういった影響を受けた分野のひとつなのであった。

進化学の方法を取り入れて、学者たちは現在のインド・ヨーロッパ諸語の中に残るかすかな過去の痕跡を取り出し、考古学的な情報を組み合わせることで歴史を再構成しようとしたのである。しかしそれは、進化学ほど明確な結論をもたらすことはなかった。やはり文化伝達の歴史は、生物進化に比べてはるかに曖昧な要素が多く含まれているからであろう。ともかく、アーリア人の起源はどこか、という疑問に対しては、特定の説が定説化することなく、種々の見解が並び立つことになったのである。

そういったはっきりしない諸説の中に、北ドイツ起源説があった。ここにナチスが食いついてくる。「アーリア人の起源は北ドイツだ」という説と「アーリア人は青い目にブロンドの髪を持つ、世界で最も優秀な民族であった」という説（説というより迷信）が合体して、ドイツ民族最優秀説へと向かっていったのである。そしてその対立項として、有害な劣悪民族とされたのが言うまでもなくユダヤ人であった。

ジョーンズもヤングもミュラーも、アーリア人の研究を切り開いてきた人たちは誰もそんなこと、思いもしなかった。それがここにきて、突然ホロコーストの理論的根拠にされてしまったのである。この時、多くのユダヤ人がドイツやその周辺国から逃げ出してアメリカに渡ったが、その中にはアインシュタインをはじめとした当時最高の頭脳が多く含まれていた。自分たちを「最も優秀な民族だ」と思い込む傲慢が、ひょっとしたら本当に最も優秀な国家になれたかもしれないドイツから、多くの知的財産を奪い去ることになり、ドイツの地盤沈下を招いた。もって自戒とすべし。

このようにアーリア人という名称は、単なる民族名称という域を超えて、二十世紀の暗い歴史を背負った「憂い語」になった。現在、アーリア人に関する学説は揺らいできている。果たしてそれが本当に単一の民族であったかどうか、疑問の声は多い。多民族の間を単に言語や文化が伝播したにすぎないのではないかという意見もある。少なくとも従来言われていたような、ある特別に優秀な民族が、ユーラシアの広い領域を次々に占領しながら自分たちの言語を広めていったという単純な構図は成り立たないようである。仮にアーリア人の起源として単一民族を想定するにしても、その民族の起源はドイツとは何の関係もない中央アジア地域だと推定されているし、また、アーリアという呼称も、ペルシャとインドに進出したグループにしか適用できず、ヨーロッパに入った人たちのことはアーリアとは呼ばない。結局のところ、ナチスが大いに喧伝した、ドイツ民族がアーリア人の本家本元だという主張は妄説だったのである。

侵入そして人種差別

アーリア人の概念が登場してきたいきさつはこのくらいにしておく。主題は仏教だから、そろそろ舞台をインドに移そう。先にも言ったように、アーリア人はインドにも侵入してきた。それが本当にアーリアというひとつの民族であったのか、それとももっと複合的で複雑な人種移動だったのか、はっきりしたことは分からない。時代も不明である。

私が学生のころに習ったのは次のような説明である。「インド、パキスタン地方にはインダス文明という高度な古代文明が栄えていた。このインダス文明は紀元前三〇〇〇年頃に隆盛期を迎えたが、紀元前一八〇〇年頃までには急速に滅びてしまった。原因は不明である。その後、紀元前一五〇〇年頃からアーリア人が侵入してきて新たな文化を持ち込んできた。これが今のインド文化の基である」。

今でもこの説は生きているが、違った意見もある。インダス文明そのものが、インド・ヨーロッパ語を使う人たち、つまりアーリア人の文化であったと考える説である。その場合は、インダス文明は実際には滅びていないということになる。紀元前三〇〇〇年以上前に生まれたアーリア人のインダス文明が、そのまま現代まで続いているのである。しかしどのような説にしろ、ある時期にインド・ヨーロッパ語を話す人々がユーラシア中央部から北西インドへと入り込んできて、独自の文化を持ち込んだことは間違いない。そしてそれこそが、仏教という世にも珍しい宗教が生まれてくる原因となったのである。

アーリア人の侵入は、もともとインド亜大陸で暮らしていた原住の人たちとの間に人種摩擦を引き起こし、複雑な身分差別社会を作っていった。上に立つのはアーリア人、下で差別されるのが土着の人たちである。この支配者と被支配者の二重構造を基盤にして成立するのが、ヴァルナと呼ばれる差別制度である。このヴァルナが今でいうカースト制度のもとになる。

バラモン、クシャトリア、ヴァイシャ、シュードラの四階層と、さらにはその差別制度に入れてもらうことさえできない最下層のチャンダーラと呼ばれる人たちが、この制度を形成した。

このヴァルナ制度の頂点に立つバラモンと呼ばれる人々は、祭式を司る一種の祭官であった。彼らはもちろんアーリア系であったが、同じアーリア系でも、神々と交信する能力を持つという点で特にすぐれた者と見なされていた。彼らは、神々の賛歌集『ヴェーダ』を正しく唱え、複雑な儀礼を間違いなく執行することで、その神々と意思の疎通が行える唯一の階級として、当時のインド社会に君臨したのである。バラモン以外の階級の人たちは、バラモンに神々との交信を依託し、代行してもらわねばならないので、常にバラモンを自分たちより上位に立

図７　アーリア人による侵入

てねばならなかった。

このような、バラモンを頂点とする強固な身分制社会をバラモン主義社会と呼び、その神々との交信システムをバラモン教という(現在のヒンドゥー教は、その末裔である)。このバラモン主義世界には当然、神が存在するが、それはキリスト教などのような唯一絶対神ではなく、森羅万象の不可思議をすべて神格化する多神教世界である。

ただし、多神教とはいっても、無数の神がただ雑然と集合しているとか、あるいは定められたヒエラルヒーに沿って階層化されるといった形のものではなく、人間が交信を求めるその場面、その状況に応じて、主役となる神が交替していく、回り舞台のような世界になっている。そしてその神々を人間が正しい儀礼によって讃えることで、彼らは人間の意向に沿って、自己の影響力を行使してくれるのである。

たとえば王が戦争をする時に、あらかじめ戦いの神インドラに勝ちいくさを祈願するとしよう。祈願というよりも、インドラに応援を頼むのだが、それができるのはバラモンだけである。王自身がバラモンではない場合(王はたいていバラモンよりも下のクシャトリア階級である)、彼はその仕事をバラモンに依頼する必要がある。頭を下げて、多くの謝礼を持ってバラモンにお願いするのである。

もし王がそれをしなかったらどうなるか。現在の我々の視点から見れば、どうということもないだろう。たかが迷信、いくさの勝ち負けを左右するような問題でもない。しかし神の存在が疑いようのない現実として認識されていた当時のインド社会においては、状況は違う。王が戦勝を神に祈願しなければ、神の応援は得られない（と皆が考える）。もしも敵方が多大な経費を使って神にお願いしていたとすると、神は必ず敵方につくはずだ（と皆が考える）。これでは勝てる見込みはない（と皆が考える）。こうして、その王の軍隊は、戦う前から気持ちで負けてしまう。実際に戦えば本当に負けるだろう。そして「やっぱり神にお願いしなければいくさに勝つのは無理だ」、ということになる。皆が神の存在を認めている時代には、神に一番近い者が、最も強い権力を握ることになるのである。

バラモン主義社会における身分制度の特徴は、完全な血統性にある。すなわちヴァルナの各身分は生まれによって絶対的に決定されるものであって、生まれた後のいかなる努力によっても変更不可能だと考える点にある。したがってバラモン主義社会では、異なるヴァルナ間の血の交雑を極端に嫌う。それがバラモン主義の基盤である完全な血統性を壊してしまうからである。

バラモン主義社会はそういった血の交雑を防ぐため、様々な概念や制度を創出してきた。たとえば穢れの概念である。人には階層ごとにレベルの違う穢れが付随しており、その穢れが多いと死後の幸福が得られないと考える。しかもその穢れは接触によって伝染するという。当然そうなると、高カーストが低カーストとの結婚を望むことはあり得ないから、階層の異なるカースト同士の結婚を防ぐことができるのである。

つい最近まで、インドの農村では使う井戸がカーストごとに違っていた。特にチャンダーラと呼ばれる、カーストに属することさえできない最下層の人たちには、使うことのできる井戸そのものがなかった。なぜ井戸が違うのかというと、水を介して穢れが伝染するからである。低カーストの者が使って穢れた井戸の水を、高カーストの者が使うと、その穢れがうつる。まるで子供のいじめのようだが、理屈が単純なだけに効果は強烈である。穢れの概念で成り立つカーストの差別意識がどれくらい強烈かというと、インド亜大陸の文化を三千年以上支配するほど強烈だったのである。そのヴァルナ制度が生まれてきた原因がアーリア人の侵入であり、そのヴァルナ制度を否定しようという動きの中で生まれてきたのが仏教なのである。

こうして、アーリア人という異人種が入り込んできたことによって、インドにはバラモンを頂点とする強固な身分制社会が生まれた。「人の価値は生まれで決まる」と主張する社会である。生まれによって人を「気高い」とか「汚らわしい」と決めつける社会である。こういったヴァルナ制度を基盤にしたバラモン主義社会が確立したのは紀元前一〇〇〇年から六〇〇年頃だと言われている。アーリア人が侵入してから随分時間がかかっている。これはヴァルナが、単純に征服者が武力で押しつけた表層的制度ではなく、何百年もかけて社会の根底にゆっくりと浸透していった強固な社会通念としての差別制度であったことを意味している。時間をかけただけ、その根はインド文化に深く入り込んでいったのである。

このようなバラモン主義社会の差別原理に、もし反対する者がいたとしたなら、そういう人は一体どの階層から出現するであろうか。バラモンの家系に生まれなければバラモンにはなれない。いくら権力を持とうが、金持ちになろうが、バラモンに生まれなければ、この世で、そして来世で最高の幸福を得ることはできないと言われて、一番不満を持つのは、バラモンのすぐ下にいるクシャトリア階級である。

反バラモン教への機運

紀元前六〇〇年あたりになると、ガンジス川流域での農耕文化も成熟してきて、多くの余剰生産物が生み出されるようになる。つまり「富」が生まれてくるのである。そうなると、その富を一手に集め、世の中を自由に支配できる者は、王侯・貴族階級であるクシャトリアたちということになる。明らかに自分たちが世の中で一番だと分かっているのに、それでもバラモンに頭を下げて、その権威にひれ伏さねばならない。その不満が次第にクシャトリア階級の中に鬱積してくる。そしてその鬱積は、バラモン教を否定する新たな宗教運動へと発展していく。クシャトリア階級を中心として、反バラモン教の機運が高まってくるのである。

バラモン教は「人の価値は生まれで決まる」という。それが矛盾の源なのだから、まずここを否定しなければならない。人の価値が「生まれでは決まらない」のなら、一体なにで決まるのか。新たな宗教運動の人たちは、「それは努力だ」と主張した。人は生まれた時に優劣が決まるのではない。人に優劣があるなら、それはその人が生まれた後に、どれだけ努力をしたか、その努力の量によって決まるべきだと言ったのである。

バラモンは、自分たちの執り行う儀式が人間と神との絆になるのだから、儀式こそがこの世で最も重要な行為であると言った。そう言うことによって、その儀式執行権を独占している自分たちの地位を絶対化しようとしたのである。反バラモン教の人たちは、そういった儀式絶対主義も否定する。「儀式などいくらやっても意味はない。バラモンたちは儀式によって神を操ることができると言うが、たとえ神を操ることができたところで、それが真の幸福につながるわけではない。我々が目指すのは、自分自身の努力によって得られる至福の世界なのだ。もしこの世で最も上位の人間をバラモンと呼ぶのならば、自己の努力で最高の幸福を獲得しようとしている我々こそが真のバラモンなのだ」と言ったのである。神頼みの人生にさよならをして、自分の力を信じて生きていこうということである。

（科学の人間化との平行性に注目せよ）。

このように反バラモン教の立場に立って、努力にこそ人の価値があると主張した人たちは、その主張内容から「努力する人」と呼ばれた。インド語ではシュラマナという。それが中国に伝えられ、音写されて「沙門《しゃもん》」となった。現在の日本で沙門というと仏教のお坊さんを指すが、本当は、バラモン教に反対して自分の努力で最高の幸福を手に入れようと考える修行者すべてが沙門である。

ではなぜそれが日本では仏教のお坊さんだけを指すのか。まず第一に、ブッダも沙門の一人だったということ。したがって仏教のお坊さんは皆沙門なのである。そして第二に、古代インドで現れた沙門宗教のうち、日本に入ってきたのは仏教しかなかったということ。だから日本では沙門イコール仏教のお坊さんなのである。

これは日本に限らず、インド以外の仏教国では皆そうである。つまりこういうことになる。ブッダ時代のインドでは、反バラモン教の立場に立つ大勢の沙門が現れ、各人それぞれが独自の修行方法を考案し、様々な沙門宗教が並び立ったのだが、それらのほとんどは歴史の中で消滅してしまって、インドから外部世界にまで広がることができたのは仏教だけだった。したがってインド以外の仏教圏では、沙門といえば仏教のお坊さんだけを指すようになったのである。

ということは、現在もこの世界で生き続けている沙門宗教は仏教だけなのか。いや、そうではない。インドから外部世界にまで広がったのは仏教だけだと言ったが、外部世界には出て行かずに、インド内部に留まったままで今も生きている沙門宗教がひとつある。ジャイナ教である。教祖はニガンタ・ナータプッタ、別名マハーヴィーラ。ブッダと同時代にインドに現れ、仏教とよく似てはいるが、仏教よりもずっと厳格な生活をする宗教、ジャイナ教を作った。

どれくらい厳格かというと、「物を所有してはいけない」と考えて、下着も持たず、素っ裸で暮らす。「殺生をしてはいけない」と考えて、大根やニンジンのような根菜も食べず、木の実や果実だけで暮らす（木の実や果実なら、採っても本体の木は死なないから）。理想の死に方は、なにも食べずに死ぬ餓死である。

こういった厳格さは、沙門宗教発祥の地インドでは尊重されたであろうが、違った文化を持つ周辺の国々では受け入れられなかった。仏教とジャイナ教は、いろいろ似たところのある兄弟宗教だが、生活の厳格さという点では仏教の方がはるかにゆるやかである。それは仏教がだらしないからではなく、釈尊が徹底した精神主体論者であって、肉体的活動そのものよりも、その活動の動機となる精神状態こそが大切だと考えたことによる。

この仏教とジャイナ教の姿勢の違いが、二つの宗教のその後の未来を分けた。ジャイナはインドから外には広がらず、インド国内で現在も生き続けている。その影響力はかなり大きい。一方の仏教は、周辺諸国へどんどん広まっていって、世界三大宗教のひとつなどと言われるようになったが、インド本国では八百年前に滅びてしまった（現在インドにいる仏教徒は、第二次世界大戦後に創設された新たなインド仏教の信者である）。仏教が猛烈な勢いで周辺国に広まっていった原因は、後で述べるような別のところにあるのだが、なぜ仏教だけが外に広まって、ジャイナ教は広まらなかったのかという問いに対しては以上の説明が答えとなる。

ブッダの時代、一体どれくらいの沙門が現れたか、今となっては全く分からない。仏教のお経に「六師外道《ろくしげどう》」といって、仏教以外の六人の沙門のことが詳しく出てくるし、「六十二見」といって六十二種類の異なる修行者の意見があったということも書いてある。しかし実際のところは不明である。

ともかく、反バラモン教という一点では共通していても、ではどのような努力をすることで真の幸福が得られるのかという肝心のところで共通した見解がなかったことは分かる。「努力とはなにか」という問いに対する答えが、皆ばらばらだったのである。このような状況で、沙門たちの修行形態は大きく二つの方向に向かった。苦行と、苦行を伴わない瞑想である。

苦行か瞑想か

苦行というのは、肉体に苦痛を与え、それによって自己の精神パワーを高めていって、幸福の境地に到達しようという考えである。私は田舎育ちだが、小さい頃の田舎町にも「インド大魔術団」なるものがたびたびやって来て、いろいろ面白い出し物を見せてくれた。火の上を歩く男、お腹に鉄串を突き通す男（突き刺すのではなく突き通すのである！）、上向きに並べた剣の上に身体を横たえる男、爪を切らずに伸ばし続ける男など、珍妙キテレッな人間が次々に現れてきて、普通の手品ショーとは違う異様な雰囲気に圧倒されたおぼえがある。マジックではなく、本物だから迫力がある。こんな人ばかりいるインドというのは一体どんな国なのか、これがきっかけで仏教学者になったわけではないが、インドという国の名がこの時脳裏に焼き付いた。

この大魔術団の人たちの源流が苦行である。インドには古くから苦行によって超越したパワーを手に入れることができるという考えが根づいていた。これは、バラモン教のヴァルナの世界とは別個に存在していた、いわゆる出家した者だけが形作る独自の伝統である。この苦行世界が生まれてきた歴史はいまだ解明されていないが、おそらくアーリア人の侵入によってもたらされたバラモン教文化とはまったく別個のところに、インド古来の伝統として、家を捨て森の中で苦行することで、実現しがたい困難な願望もかなえることができると考える人々の流れがあったのだろう。

彼らは俗世間を捨て、一般社会の外側で暮らしているので、バラモン主義社会と直接関係することがない。だからこそ、バラモン教のヴァルナ制度が完成していくその時期にも、それと並行して独自の世界を保ち続けることができたのである。

その苦行者たちが願う願望は、決して善なるものとは限らない。にっくき怨敵を殺すために、必死の苦行を何十年も続け、そのパワーで見事に本懐を遂げたなどという話も、立派な苦行者の例として挙げられている。インド大魔術団のびっくり人間たちは、こういったインド独自の苦行文化の末裔、歴史の生き証人だったのである。

反バラモン教を標榜する沙門が登場した時、その中の多くの者は、「努力」の具体的内容として、この苦行という伝統的修行方法を採用した。ただしその目的は、バラモン教を超えて真の幸せを手に入れることにあり、その点でそれまでの苦行者世界とは本質的に異なるものでもあった。バラモン教の儀式主義を否定し、苦行のパワーで真の幸福をつかもうと考えた大勢の沙門たちが、インドの森の中で修行生活を送っていたのである。

このような、苦行を主体とする沙門たちとは別に、苦行を伴わない瞑想を努力だと考える沙門たちがいた。その代表がブッダである。ここでブッダの伝記を思い出していただきたい。知らない人は思い出せないかもしれないから、私が手短かに物語ろう。

ブッダは瞑想を選択する

ヒマラヤ山脈の南側、今のネパールとインドの国境近くにカピラヴァストゥという地域があり、ここを治めていたシュッドーダナという王様の一人息子がブッダである。つまりインド北方の小さな国の王子として生まれたのである。もちろん生まれた時から「ブッダ」などと呼ばれたわけではない。普通の赤ちゃんとして生まれ、名前はガウタマ・シッダールタといった。

王子として成長したガウタマさんは、やがて物質的幸福の限界を感じるようになる。特ないこと」「年をとらねばならないこと」「病気の苦しみから逃れがたいこと」「必ず死なねばならないこと」（老・病・死）という、万人共通の苦しみを強く意識するようになり、思い悩んだ末、出家を決意する。

出家というのは単なる出奔ではない。現世の価値観にどうしても満足できない人たちが集まって作る島社会がこの世には各所に存在するが、自分も俗世の生活を放棄して、そのような島社会のメンバーとして参入すること、それが出家という行為の意味である。悪い例だが、オウム真理教事件の際に、勧誘された若者が家族親戚を捨てて教団の一員として参入していった、あれが出家の基本形である。ただ単に世を捨てて庵を結ぶことは出家とは言わない。特定の島社会の一員にならなければ出家したとは言わないのである。

オウム真理教の出家システムには致命的な欠陥があり、それが最終的に大量殺人という邪悪な行為に結びついていったのだが、その詳細をここで語る余裕はない。『「律」に学ぶ生き方の智慧』という本で、仏教本来の正しい出家と、オウム真理教の誤った出家について詳細に解説したので、興味があればそちらを参照していただきたい。

ともかく、ガウタマさんは出家を決意し、皆が寝静まった真夜中に、そっと城を抜け出して森の中に入っていったのである。出家したということは、彼はなんらかの特殊な価値観を持った島社会のメンバーになったということだが、それがどのような島社会なのかというと、まさにそれこそ、今まで私が延々と説明してきた、沙門と呼ばれる人たちの社会だったのである。

沙門社会の持つ特殊な価値観とはなにかといえば、当然、例の「努力によって最高の幸福を獲得する」という思想である。沙門たちの多くは森の中に入って努力していた。これが、ガウタマさんが城を出て森の中に入っていった理由である。彼は一人で森の中に入って世捨て人になろうとしたのではない。森の中で暮らしている沙門たちの世界に、メンバーとして加えてもらうため入っていったのである。その証拠に、彼はすぐさま、森の中で修行に励む先輩沙門のところへ行って弟子入りしている。アーラーラ・カーラーマ、ウドラカ・ラーマプトラという面白い名前の二人の先輩沙門に次々弟子入りし、まずは精神を集中する方法を学んだのである。

こうして基本的な修行のスキルを身につけた後、いよいよ彼は自分独自の「努力方法」を見つけるため、一人で自立する。そしてここがポイントだが、ガウタマさんは最初、肉体を苦しめる苦行の道を選んだのである。具体的にどういう苦行をしたのか詳細は分からないが、断食を主体とした、骨と皮ばかりになる過酷な修行だったらしい。そしてどうなったか。ガウタマさんはそれを途中でやめてしまう。やめて、近くを通りかかったスジャーターという女の子から乳粥をもらって体力を回復し、別の形態の努力、すなわち苦行を伴わない純粋な瞑想という努力方法に専念した。坐禅である。そしてほどなく、悟りを開いた。悟りを開いた時点でガウタマさんはブッダとかあるいは釈尊（正確にはシャーキャムニ）などと尊称で呼ばれるようになったのである。この、一旦選択した苦行という方法を捨てて瞑想一本でいったという筋書きが重大な意味を持つ。

古代のインドという国は、歴史的事実をありのままに後世へ伝えようという気持ちがほとんどなくて、物語というものは作者が自己の立場・見解を主張するための手段だと考えられていた。ブッダが実在の人物であったかどうか、それさえもはっきりは断定できない現状において（十中八九実在したと思うが）、現在伝わるブッダの伝記が信用できるという確証はない。

しかし大切なことは、その伝記が、仏教という宗教の本質を伝えたいという意図のもとに編纂されているという事実である。ブッダという一個人に関する情報源としては不明確かもしれないが、作者の意図に沿って見ていくことで、その当時、すなわち仏教興隆時代に、仏教世界にいた人々が、自分たちの仏教をどう見ていたか、その視点が分かる。今の私に必要なのは、その視点である。別にブッダが実在の人物でなくても構わない。重要なのは、ブッダを教祖として立てる仏教という宗教が古代インドに実在しており、その仏教の持っていた基本姿勢が、仏伝などの残存資料を通して見えてくるということなのである。

そこで今の苦行の問題だが、我らが教祖ブッダが、最初は修行方法で間違いを犯したのである。本当に智慧のある偉い人なら、最初から瞑想に入って一発で悟るはずだ。もしブッダを称えることだけに主眼を置くのなら、こんな恥になるような話が伝記の中に入ってくるはずがない。ということは、この苦行のエピソードはそれなりの意味があるからここに置かれているということになる。そういう目で見れば、このエピソードは「仏教は本質的に苦行を否定する宗教だ。瞑想一本でやっていく宗教なのだ」という主張を表していると理解できる。

ブッダは苦行を知らずに、たまたま思いついた瞑想という方法でたまたま悟ったのではない。ちゃんと苦行もやってみたのだ。その結果、それが無意味だということを理解し、その上で瞑想という方法を採用した。したがって、悟りを開くことのできる努力方法は、瞑想しかないということが確定する。これがこのエピソードの意味である。そしてそのことから、当時の仏教という宗教が、瞑想を用いて悟りを開くことを目的とした宗教であったという、歴史的事実が判明するのである。

仏教には仏伝だけでなく、ほかにも膨大な量の文献が残っている。お経とか律とか論書とか。お経というのは、悟るための方法や心構えをブッダがお説きになった言葉。悟りのためのマニュアルである。律というのは出家したお坊さんが僧団を作って集団生活する場合の規則集。お坊さんの法律である。そして論というのは、ブッダから後の時代に誰か別の人が書いた仏教の解説書のこと。ナーガールジュナ（龍樹《りゅうじゅ》）という人の書いた『中論《ちゅうろん》』、ヴァスバンドゥ（世親《せしん》）という人の『倶舎論《くしゃろん》』などは代表的な論である。経・律・論という、これら三種をまとめて三蔵という。

しかし実際には、ブッダが本当に語ったことはお経の中にも律の中にもほとんど入っていない。みな、後の時代の人がブッダの言葉として創作したものである。ブッダが実在したかどうかさえ判然としないのだから、その言葉が残っているかどうかという問題も当然不確定になってしまう。我々仏教学者の夢のひとつは、そういったあやふやな文献群の中から、もし本当に存在するものならば、ブッダの実際の言葉を見つけ出すことである。今のところ実現の可能性は見えてこないが、科学が何百年もかかって難問を解いていく様子を見ていると、仏教学だってやればできるだろうという気になってくる。

この、ブッダの本当の言葉を見つけることができるかどうかという問題は、文献の真贋に関わる問題であるが、それとは別に、先の仏伝を考察した箇所で明らかになったように、たとえその文献が歴史的真実をありのままに伝えていなくても、その文献に現れてくる視点を正しく把握してやれば、その時代の真実をつかみ出すことは可能である。ブッダが本当にいなかったとしても、あるいは本当は苦行を試みたことがなかったとしても、ともかくこの仏伝という資料がこのようなエピソードを語っている以上は、「仏教は本質的に苦行を否定し、瞑想一本でやっていく宗教だ」という、当時の仏教観がそこからつかみ取れるのである。

仏教が苦行を否定する宗教だということを示すために仏伝の中のエピソードを紹介した。話のついでに、仏伝を最後まで語ってしまおう。

苦行を捨てた後、菩提樹の下で瞑想することによって悟りを開いたブッダは、最初、その体験を他の人たちに教えるつもりはなかった。自分で修行して自分で悟る、それが沙門の生き方であるが、悟ったからといって、それを人に教えなければならないわけではない。悟りの満足感にひたりながらひっそりと一生を終えるのも沙門としてのまっとうな生き方である。その場合には、その悟りは宗教にはならない。歴史の記憶からはずれたところには、そのように生き、そして死んでいった無数の沙門たちがいた。ブッダも、最初はそういう生き方を望んでいたのである。

ところがそこへ天界の最高者である梵天《ぼんてん》さんが降りてきて、世の人々への説法を勧める。「私では世の人々を正しく導くことができないので、あなたがその仕事を引き受けてほしい」という意味の言葉で布教を勧めるのである。梵天というのは、バラモン教では最高位に置かれる超越的存在者であるが、それがわざわざ降りてきてブッダに頭を下げてお願いするという、この話の構成は、仏教がバラモン教よりすぐれているという主張を表している。

仏伝を見ると、その要所要所にこういった作者の主張が見え隠れする。それを探りながら読んでいくのも仏伝を研究する楽しみのひとつなのだが、今はそのいちいちを取り上げる余裕はない。ブッダの一生を一気に語ってしまおう。

梵天の願いを承諾して布教活動に立ち上がったブッダは、ベナレスの近くのサールナートという場所で最初の説法を行い、五人の若者を弟子にする。この出来事は「初転法輪《しょてんぼうりん》」と呼ばれている。これが仏教という宗教の出発点である。

ブッダも入れて計六人で出発した仏教は、いくつかの基本的生活規則を基にして集団で暮らしながら修行に励む集団宗教の形態をとった。重要な規則を挙げれば、「俗世の生活を捨て、出家者として定められた衣食住生活を送らねばならない」「食べ物に関しては、一般社会の人たちの残り物しか食べてはならない（これを乞食《こつじき》という。自給自足も禁じられていたという点に注意）」「性行為を行ってはならない（したがって仏教出家者は必ず独身であった）」「原則として集団で生活しなければならない（この集団をサンガという）」などなど。これらの指針をもとにして清浄な生活を送る中で、日々瞑想修行に努め、それによって悟りを開く、これがブッダによって生み出された仏教という宗教の具体的な姿だった。

最初は少人数であったから、皆がひとつにまとまって生活していたが、次第に弟子の数が増え大所帯になったため、教団の分散化が命じられる。弟子たちがインドの各地に分散し、そこでメンバーを増やしてそれぞれにサンガ（僧団）を作り、独立運営していくという方法である。運営の基本は完全な民主制であって、特定の個人がサンガを統率することは許されなかった。これによって仏教は、一人の指導者によって全体が統制される中央集権的機構を放棄し、律（お坊さんの法律のこと）だけを行動規範とするきわめて民主的な組織に変貌した（詳しくは『「律」に学ぶ生き方の智慧』を参照）。その後もブッダの布教活動は着々と実を結び、多くの優秀な弟子が育っていった。生まれ故郷のカピラヴァストゥにもたびたび里帰りして、親類縁者の若者を大勢弟子にした。有名な弟子を名前だけ挙げておこう。舎利弗《しゃりほつ》、目連《もくれん》、阿難《あなん》に優波離《うばり》、大迦葉《だいかしょう》、難陀《なんだ》、賓頭盧《びんずる》、須菩提《しゅぼだい》。ほかにもたくさんいるが今はこれくらいにしておく。

淡々とした人生と人間らしい最期

弟子の中に一人だけ、ブッダに刃向かって、仏教僧団をのっとろうとした悪人がいる。提婆《だいば》達多《だった》という男で、ブッダを殺そうとさえした悪者だが、最後は地獄に堕ちてしまったという。ブッダの人生はキリストやムハンマドのような劇的事件がほとんどなくて、ひたすら布教して歩く静謐な宗教家の姿で一貫しているのだが、その中で唯一、事件らしい事件が、この提婆達多の反逆である。

一九六一年に大映が『釈迦』という映画を作った。三隅研次が監督、本郷功次郎が主演でブッダとなり、勝新太郎、市川雷蔵、京マチ子などそうそうたるスターが勢揃いした大作で、私も親に手をひかれて観にいった（当時、保育園児）。多分、若きブッダが人生の苦悩を感じて出家し、菩提樹の下で悟りを開いたという場面もあったに違いないのだが、そういうのは全然覚えていない。覚えているのは、怖い顔の提婆達多がブッダを殺そうとしたり、ブッダのもとの奥さんに横恋慕した挙げ句、地獄に堕ちていく、そういった話だけである（提婆達多役は勝新太郎）。確か、地獄に堕ちた提婆達多をかわいそうに思ったブッダが、蜘蛛の糸を垂らしてすくいあげるという荒唐無稽な場面もあったように思うのだが定かではない。ともかく、提婆達多の反逆事件がクライマックスであった。ブッダの一生を劇的に語ろうとすると、この提婆達多の反逆しか適当な題材がない、それくらいブッダの一生は淡々としたものだったのである。

ブッダの死因は食中毒である。齢《よわい》八十を越え、暑いインドでもらいものの食事だけで生活していれば、当然のことであろう。ブッダは、チュンダという篤信の信者さんが布施してくれた食事を召し上がった後、食中毒となり、激しい下痢に悩まされた末、クシナガラという場所の、サーラという木が二本立っている、その間に横たわって亡くなった。サーラが二本で沙羅双樹《さらそうじゅ》。

私はブッダのこの亡くなり方が大好きで、仏教を自慢する時の一番のネタにしている。人間として生まれ、人間としてできる限りの努力によって悟りを開き、そしてごくごく普通の、人間らしい亡くなり方でこの世を去っていった、そこにこそ、仏教の本義が現れている。絶対者の存在を想定しなくても、法則性の世界で最高の自己を実現することができる。奇蹟も啓示も、神秘的ないかなる経験もない普通の生活の中に、真の安らぎを見出す道がある。これがブッダの創設した仏教という宗教のおおもとの理念である。

仏伝作者もそのことをよく承知していて、ブッダの死に神秘的な意味を与えるようなことはしていない。たしかにブッダの権威を高めるため、不思議な事件がいくつか起こったことにはなっているが、たとえその事件を取り去っても、話の枠組みはなにも変わらない。食中毒でなくなったブッダを、悲しみにくれる人々が茶毘《だび》に付し、残された弟子たちは、ブッダの生前の教えが忘れ去られることのないよう、皆で集まって「聖典編纂会議（結《けつ》集《じゅう》）」を開催し、そこでまとめられたブッダの言葉が「お経」になった、というそれが大枠である。以上、ブッダの伝記を略説し、仏教の特性をいくつか語った。この後、そのブッダによって作られた仏教という宗教の実態を見ていくことにする。

悟りとはなにか？

先の仏伝において、私はあえてブッダの悟りの内容には触れなかった。「悟った、悟ったといっても、ブッダは一体なにを悟ったのか。それが分からないと意味がないではないか」と思われた方も多いだろう。しかし実際のところ、ブッダがなにを悟ったのか、確実なことは分からないのである。

もちろん、残された多くの文献には、ブッダが悟ったときの様子を詳しく語るものもあって、それを読めば悟りの内容も書いてある。私たち仏教学者は、そういった資料をいろいろつき合わせ、頭をひねって、そのおおもとの形を探り出そうとする。それはそれで非常に重要で意味のある作業である。しかしそれでもなお、ブッダが本当はなにを悟ったのかという問題を、一片の曇りもなく明らかにするというわけにはいかない。

これはなにも仏教に限らず、歴史性を帯びた学問ならば多かれ少なかれ必ず直面する問題であろう。「本当はどうだったのか」という問いに、絶対の自信を持って答えることのできる歴史学などどこにもないのである。

しかしそれにしても、「ブッダの悟りの中身は本当はどうだったのですか」、という問いは格段にやっかいだ。本人の言葉だとは断定できないあやふやな資料しか残っていない状況で、二千五百年前のインドにおいて高度な瞑想によって自己を確立した人の精神状態をどうやって知るのか。一応、残された文献を拠り所にするなら、ブッダが悟ったのは、縁起の理法すなわち、我々人間は因果則に沿って存在しているという真理だったということになっている。しかし本当にそこに書かれたとおりの姿でブッダが悟りを開いたのかどうか、全く確証はない。

それでは、我々はブッダの悟りの内容についてはなにも言うことができないのかというと、そうではない。たしかに、ある文献の内容が歴史的事実をそのまま表しているかどうかは確定できないが、様々な文献の全体の様相や、あるいは実際に活動していたお坊さんたちの日常生活の記録や、さらには、当時の僧団生活の様子を比較的よく残しているスリランカや東南アジア仏教の現状などを総合することで、少なくとも仏教がこれこれのことは認めていた、そしてこれこれのことは考えていなかったといった大枠を知ることはできる。科学との対応性で仏教を見ていく際には、このレベルでの考察が最も必要である。

仏教が、世界を因果則によって理解するという態度は、残された古い時代の仏教文献に一貫して流れる基本的な姿勢である。なにか超越的な存在を頼りにするという考えは全く見られない。また、律の記録を使って当時のお坊さんたちの日常生活を調べてみても、彼らがなにか「超越者に対する祈り」に類する活動を行っていた様子は全く見られない。彼らの修行内容は、ひたすらの瞑想と、そしてブッダの言葉の理解、つまり勉強に限定されている。また、当時のままではないにしても、現在のスリランカや東南アジアに存続している上座部仏教は、ブッダ時代の仏教の様子をかなりよく残していると思われるが、その上座部仏教の教義には、超越者の存在はない。すべての現象を原因と結果の関係によって説明し、その因果則に縛られている我々が、それでも世の苦しみから逃れて真の平安を獲得するにはどうしたらよいか、それが上座部仏教の根本問題である。

こういった状況を総合すれば、最初期の仏教においては、いかなる超越者の存在も前提とされていなかったということが推定される。したがってブッダの悟りの内容をそのままここに提示することはできないにしても、その大筋が、世界を因果則によってとらえ、その中での苦の消去を実現したものであったという点は確認できるのである。

釈尊の仏教だけが持つ三つの特性

同じような方法で、最初期の仏教の基本特性をいくつか取り出すことができる。それを三箇条にまとめて示そう。

1 超越者の存在を認めず、現象世界を法則性によって説明する。
2 努力の領域を、肉体ではなく精神に限定する。
3 修行のシステムとして、出家者による集団生活体制をとり、一般社会の余り物をもらうことによって生計を立てる。

以下、この三点について詳しく見ていく。それによって、最初期仏教の具体的イメージが得られるであろう。

1 超越者の存在を認めず、現象世界を法則性によって説明する。

ここに、唯一絶対神宗教や、多神教宗教といった、超越者の存在を前提とする宗教との違いがある。仏教では、この世界全体を司るような超越存在を認めない。世界は特定の法則に沿って自動的に展開していくのである。たしかに仏教の教えには、ブラフマン（梵天）やインドラ神（帝釈天《たいしゃくてん》）など、インド神話の神々も重要な存在として登場するが、それでも世界をコントロールするほどの超越者として現れるわけではなく、一般の人間より幾分すぐれた能力を持つ真面目な仏教信者という立場にすぎない。つまり、彼ら神々はすべて、ブッダという、悟りを開いた人間の下位に位置する者たちなのである。

そしてそのブッダにしても、決して世界の統治者ではない。ブッダとは、世界に通底する法則性を見抜き、生き物がその法則性の中で真の安らぎを獲得するための方法を自力で見出した人である。法則性を見抜いたからといって、ブッダ自身がその法則性を自在に操れるわけではない。万有引力を発見したからといって、ニュートンが神になれるわけではないのと同じである。この世にブッダが存在しようがしまいが、世界は法則に沿って変わることなく転変していくのである。

人跡未踏のジャングルの中を進む探検隊を想像してみると分かりやすい。大木や蔓が行く手を阻む大ジャングルの中を、大勢の探検隊員が団子になり、出口を探してさまよっている。しかし非力な人間が何人集まろうが、進むべき方向は分からず、また道を切り開いて進むほどの力もない。そのままならば、全員がジャングルの中でのたれ死にすることになる。

ところが、その探検隊員の中から、一人の人が進み出て「私がなんとかしよう。先に行って道を作るから、しばらくここで待っててくれ」と言って一人でジャングルの奥に分け入って行く。彼は、ジャングルから抜け出すための正しい方向を察知し、そちらに向かって、蔓や枝を断ち切りながら道を切り開いていく。そしてついに脱出経路を確保してから、皆の待つ所まで引き返し、「私がちゃんと道を作った。私についてくれば大丈夫だから頑張って歩いてくれ」と告げる。

隊員たちは「ほかに脱出の方法がないのだから、とにかくこの人を信じてついていこう」と考え、すでに切り開かれている道をたどって彼に従っていく。こうして皆は、勇敢で智慧のある一人の隊員のおかげで、無事にジャングルを抜け出すことができた、と、このような状況である。

ブッダは、他の隊員たちと同じ人間であり、別次元の超越者ではない。ただ、他の人たちより、勇気や智慧などの能力が格段にすぐれた人間なのである。人間である以上、なんらかの超能力によって、この世を根本的に変えてしまうことなど彼にはできない。ジャングルで迷ったからといって、そのジャングルそのものを消してしまったり、あるいは探検隊を空飛ぶ絨毯に乗せて運び出すなどといった奇蹟によって人々を助けることはできない。あくまでジャングルで迷った隊員の一人という立場で皆の救出を考えねばならないのである。すなわちこれは、世界の法則性こそが絶対の枠組みであって、ブッダといえども、その法則性を超越して行動することはできないという意味である。

ブッダが悟ったのは、法則世界に束縛された状態にありながらも、その中での真の安らぎを得るための道である。その道を見つけたブッダは、それを自分だけの専有とすることに満足せず、他の生き物たちにも告げ知らせ、できるだけ多くの者が同じ道を進むように呼びかけた。自分で道を切り開いた後で、もう一度皆のいる所まで戻って、非力な隊員たちを励ましながら連れて行くリーダーの姿である。

ブッダがどれほどすぐれた人間であっても、奇蹟の力で皆を連れ出すことはできないのだから、切り開かれた道を目的地まで歩くのは個々人の仕事である。道なかばで倒れる者もいるであろうし、あるいは最初からブッダを信頼せず、後についてこない者もいるであろう。そういった人たちまで救う力はブッダにはない。ブッダにできるのは「自分は確かな安らぎへの道を見つけた。もし私を信頼するのなら後についてきなさい。途中でいくらでも手助けはするが、実際に歩くのは君たちなのだから、精一杯頑張りなさい」と言って、皆を励ますことだけである。この世が絶対者ではなく、法則によって展開していることを承認しながら、その中に真の安らぎを見出そうとするなら、この探検隊のリーダーのような存在を想定する以外に解決法はなかろう。それこそが仏教という宗教の基本構造であり、その特異性の原点なのである。

2　努力の領域を、肉体ではなく精神に限定する。

このように超越者の存在を認めず、法則性だけで世界を理解しようとする仏教の立場は、現代の科学的世界観と共通するものがある。しかしその一方で、仏教と科学には決定的な違いもある。科学は、世界を物質と精神に二分したうちの物質だけを考察対象とし、その物質世界を司る基本法則の発見を使命とするものであるが、仏教の方は、物質世界にはほとんど興味を持たない。仏教の目的が、現実世界に生きることを苦しみと感じ、その状態からの脱出を願っている者たちに正しい道を指し示すことである以上、その考察領域は我々の精神に限定される。したがって、法則性によって世界を理解するという方向は共通していても、仏教の場合、その法則とは、あくまで精神世界の法則が主であって、科学のように物質法則を探求するものではない。

また仏教は、単に精神の法則性の解明を目的とするのではなく、そうやって解明された法則性を基盤にして、自己の精神における「苦」の消滅を目指す。世界を理解した上で、その理解に立脚して自己改造を目指すのである。だからこそ仏教は宗教なのである。法則性の理解だけならば理屈ですむが、そこからさらに自己改造という一層困難な目標へと進むためには、一朝一夕の学習ではどうしようもない。日々の反復訓練によって、少しずつ自分の精神構造を変えていかねばならない。ここに、修行という特殊な活動の必要性が生じてくる。その自己改造の具体的方法が瞑想なのである。

それゆえに、他の一切の活動を放棄して、生活のすべてのエネルギーを修行に傾注しなければならないという、生活の基本指針が生じてくる。ここに、仏教が出家主義を標榜する理由がある。世俗の生活を営みながら片手間で修行するなどということは不可能なことであり、出家することによって生活スタイルを完全に修行中心の形態に変更しなければならないと説くのである。

キリスト教などの絶対神宗教では、世の不思議はすべて、神という外部存在を原因としている。物質世界であろうが精神内部のことであろうが、およそ奇蹟的な事象や理解不能な現象は、その原因をすべて神に帰することができる。したがって世に神秘があればあるほど、神の存在はより強固に実証されたことになるのである。

たとえばキリスト教などは、その教義の信憑性を、イエスの復活という奇蹟に依拠することで成り立っている。絶対神信仰は奇蹟なしには成立し得ないという特性を持っている。ユダヤ教やイスラム教、そしてこのあとの第五章で述べるが、大乗仏教もまた同様である。

ではブッダ時代の仏教はどうか。最古の仏典を見ると、たしかにブッダが人々の前で奇蹟を起こして見せたという記述は多い。しかしそれらはみな、人々の注目を集めて、説法の場に引き寄せるための手段にすぎず、仏教の必須条件ではない。仏教は外的な奇蹟なしでも成り立つ宗教である。

仏教の教義を分析していくと、このようにきわめて神秘の少ない宗教であることが分かってくるのであるが、唯一、自己の精神内部にのみ神秘を認めている。それは、反復練習の修行を繰り返すうちに起こってくる精神のレベルアップという現象である。

主に瞑想を中心とする仏教の修行を行ううちに、我々の精神は次第に練り上げられていくのであるが、それがある段階にまで達すると急激にレベルアップする時がある。このようなレベルアップを何回か繰り返す度に、我々の精神は純化され、悪い要素すなわち煩悩を滅していくことになる。そして煩悩がすべて消滅し、再発の危険がなくなった時、人は悟ったことになるのである。煩悩がなくなれば、その煩悩のせいで生じていた苦しみの感覚もまた消滅する。肉体的側面からの苦痛の消滅、たとえば信じれば病気が治るとか、長生きするとか、そういった面には目も向けず、ひたすら自己の精神を改造することで苦の消滅を目指す、そこに仏教の本領がある。

そして、その精神のレベルアップに関して、仏教は明確な説明を与えない。修行を続けているうちに、そういう時が訪れるというのだが、それがどのような原理で、どのような条件下で起こるものなのかという点に関しての論理的説明はないのである。したがって、この点に関しては、「それはそういうものなのだ」とはじめから無条件で承認した上で修行を始めなければならない。理屈では全く理解できない「悟り」という体験の真実性を信じ、それに身を任せるという意味で、仏教はまぎれもなく宗教なのである。

そしてすでに言ったように、仏教は、精神の鍛錬を主眼とする宗教であるから、その修行が精神だけを対象とするのは当然である。したがって仏教は本来、肉体的な苦行を認めない。いくら火渡りをしようが沐浴しようが、そういった肉体的鍛錬はなんの効果ももたらさない。修行とはひたすら自己の精神を集中させ、その悪しき要素を取り除くという、いわゆる瞑想に限定される。

仏伝において、一旦は苦行の道に進んだブッダが、それを放棄してひたすら瞑想に打ち込んだ結果、はじめて悟りを開くことができたという話が、この原則を端的に表していることはすでに述べた。仏教の修行とは、ブッダの言葉を理解するための経典の勉強と、それに沿って行う瞑想の実践、この二点に集約されるものなのである。

話が仏教の基本構造に及んできたので、ここで一言注記しておかねばならないことがある。仏教は今から約二千五百年前、ブッダの手によってインド北部で誕生した特異な宗教である。そのことはもう言った。その原初形態は、いま私が説明したようなものである。

ところが、その仏教も、周囲の多神教世界の影響もあって時とともに急速に変容し、超越者を想定する一般宗教に変わっていく。自己責任制に基づいて設定されていた、瞑想中心の修行生活も変更を余儀なくされ、阿弥陀《あみだ》・薬師・大日・観音といった架空の超越者に対する救済要求が主体となってくる。つまりそういった超越者といかに交信し、いかに救済を要求するかが、修行の目的になってくるのである。自己修練の宗教が、救済の宗教へと変貌していったのである。

当然のことながら、本来は精神内部に限定され、自己改造のプロセスにのみ想定されていた神秘性も、外部に超越者を設定することで、世界の法則性さえも超えた外的な奇蹟を認め、それを教義の必須条件と考えるようになってくる。精神内部の心的神秘が、外部世界の奇蹟的神秘へと移っていくのである。これによって、仏教もキリスト教などの唯一絶対神宗教と同じ路線に入り込んでいく。

さすがにそういった架空の超越者を天地の創造主にして支配者であるとまでは考えなかったが、我々人間となんらかの契約を結び、その契約を履行した者に対しては、不可思議なる救済の手をさしのべてくれる存在であるという点は、共通している。たとえば浄土系仏教の念仏や、密教での秘密儀式などが、その契約にあたる。こうして本来の形態から離れて、超越者を想定する宗教へと変貌していった、そのような仏教を、きわめて大雑把な言い方ではあるが大乗仏教と呼ぶ。

その大乗仏教はインドから中国、朝鮮半島を通って日本に導入された。日本の仏教はすべて大乗仏教を基盤としている。したがって、日本の仏教は本来のブッダの仏教とは基本構造が異なっているので、日本仏教だけを見て仏教の本質を理解することは困難である。分岐分裂を重ねて多様化した仏教の、その一端に日本があるという認識が是非とも必要である。そうでないと、仏教の本質どころか、日本仏教各宗派の特質さえも理解不能になってしまうからである。

スリランカや東南アジア諸国では上座部仏教が現在も盛んであるが、この上座部仏教は、先にも言ったとおり、ブッダ当時の仏教の姿をかなり正確に伝えている。超越神を認めない、自己責任制の世界観はかなりよく保たれている。とはいえ、長い歴史の中で変容した点も多く、ブッダ時代の仏教そのものを残しているわけでもない。場合によってはカースト制に従っているところさえある。国家的に保護され続けたことで傲慢不遜な面も多く現れており、ブッダ時代の仏教精神がそのまま伝わっているとはとても言えない。実際のところ、ブッダが創設した世にも新奇な仏教という宗教の原形はすでに失われており、我々は今、その様々な残滓を仏教として受け取っているのである。

3　修行のシステムとして、出家者による集団生活体制をとり、一般社会の余り物をもらうことによって生計を立てる。

話をブッダ時代の本来の仏教へと戻す。仏教徒にとって最も重要な活動は修行であり、それは、バラモン教に反対して、努力というものを人間活動の最重要要素と考える沙門宗教のひとつとして出発した仏教にとっては当然の姿勢であった。仏教の修行は、瞑想と、経典（すなわちブッダの言葉）を覚え唱えることが中心であるが、仏教では、その瞑想・経典読誦という修行を、徹底的に行わなければ悟りを開くことはできないという。徹底的というのは、すなわち日常のあらゆる生産活動を放棄して、自分のすべての時間を修行に使うということである。

したがって仏教では、出家による「自活の放棄」こそが修行生活の基本原理となる。修行のために生活の他の面をすべて犠牲にするのである。しかし、人間が生産活動を放棄したなら、その人は食べていくことができない。そこで仏教では、生産活動を放棄した修行者が生きていくための方法として、「乞食」という方法を採用した。それは、一般社会の人たちが食べ残した食物をわけてもらうという生活方法である。

仏教出家者は、他の人が鉢の中へ入れてくれた物しか食べてはならないとされている。在家の人たちが鉢の中へ入れてくれる食べ物に全面的に頼って生きることが、絶対の規則として定められているのである。裏の畑で野菜を作ったり、野山へ出掛けて山菜をつんだりしてもならない。とにかく、一切の生産活動を放棄して、その分の時間とエネルギーを修行につぎ込むこと、それが仏教の大原則だったのである。

「仏教出家者は、一般の人々の好意に頼って生きねばならない」という、この規定こそが、仏教という宗教の最も重要な生活原理である。そして、その奥にある、より根本的な原理は、「修行のためにできるだけ便利な状況を作り出す」ということなのである。絶対者を認めない法則性の世界において、自己責任制のもとで精神改造を行おうとするなら、修行こそがなにをおいても優先されるべき活動となるから、その修行を円滑に行うための環境設定が最重要課題となるのである。

当時のインドは、仏教以外にも多くの沙門宗教や、あるいは伝統的バラモン教など、多くの宗教が競い合っていた。そのような状況で、仏教の修行者が一般の人々から食事をもらうのは大変困難なことであった。ただ漠然と町や村を回っているだけでは十分な食物をもらうことはできない。布施する側の在家者たちは、自分が布施する対象が立派であればあるほど、自分の布施の善業は大きくなり、より良い果報が戻ってくると考えていたから、布施する対象を厳しく選択していた。したがって、仏教の出家者が食物をもらうためには、在家の人たちから「立派な人だ」と思われなければならなかった。人々から選んでもらわなければならなかったのである。

ここに、仏教と一般社会との間の基本的関係が成立する。すなわち、一般の人たちは、立派な人としての仏教修行者に布施をし、それによって将来の果報を期待する。布施はただのボランティアではなく、あくまで自分の利益のための行為なのである。一方、その布施を受ける側の出家者は、その布施で生活することによって修行生活を維持することができる。そのかわり、布施者の期待に応えるような立派な生活を送ることが要求される。もし立派な人間として行動しないならば、たちまち皆の尊敬をなくし、布施の道は断たれてしまうのである。

仏教の出家者は、原則として集団で生活しなければならない。修行自体は、あくまで修行者個人が一人一人独立して行う孤独な行為であるが、その修行を最も効率よく実践するためには、一人で生活するよりも、集団で生活する方が便利だからである。その集団はサンガと呼ばれる。規則上、サンガは最低限四人以上の出家者によって構成されているが、実際にサンガとしての機能を完全に満たすためには、少なくとも二十人以上のメンバーが必要である。

このことから分かるように、仏教は、メンバーが共同生活することを前提とする集団宗教なのである。そしてそのサンガのメンバー全員が、在家者の布施に頼って生きていくのであるから、サンガは、大勢の人たちが住んでいる町や村のそばになければならない。人のいない幽谷の地にいたのでは食物が手に入らないからである。したがって仏教は元来、都会宗教であった。仏教が集団宗教・都会宗教であるという点も、仏教を理解する上で是非とも認識しておかねばならない特性である。

仏教について語り始めるなら、説明すべきことは際限なく、いくらでもある。しかし、それが科学とはどこがどう同じで、どこが異なっているのかといった問題を考える場合には、いま挙げた三点で必要かつ十分となろう。イギリス植民地時代の話から始めて延々語ってきたこととの最後の目標はここにある。ブッダという稀代の人物によって始められた仏教という宗教の核心三点を示すことが目的だったのである。

人間化の流れは仏教へとつながる

世の中の現象は法則性によって生起しており、それを司るなんらかの超越者がいると想定する必要はない。これが本来の仏教の世界観である。バラモン教の祭式の世界と手を切り、自己の努力を唯一の向上手段と考える沙門宗教の基本的見解である。おそらく同じ世界観を持つ沙門宗教は多数あったのだろうが、今では仏教とジャイナ教しか残っていない。そのうち、我々のようなインド外部の人間が参入可能な宗教は仏教しかないのだから、実質このような世界観を持つ宗教は我々のまわりには仏教しかないということになる。

科学は、キリスト教社会の中で神と共に生まれ、育ってきたが、次第にその影響を脱して人間化してきた。神の視点を放棄しつつ、人間独自の視点に基づく法則世界を構築しつつあるということである。したがって、それは仏教的な世界観の方へと次第に近づいてきていることになる。

キリスト教を真っ正直に信仰しながら科学的に生きることは不可能である。「神はいる」「最後の審判が来る」といった言葉を、文字通りに信じている者が、進化論やビッグバン宇宙論とどう折り合いをつけるのか。どうしたってそれぞれの領域を妥協させて中途半端なところで嚙み合わせるしかない。たとえば「神は人格として存在するのではなく、宇宙法則としてである。法則それ自体が神なのだ」といった考え方である。「最後の審判」では宇宙法則が我々に最後の審判を下すのか。「最後の審判というのは、一種比喩的表現であって、実際にはそれは我々の良心を意味しているのだ」という具合に、科学に遠慮してどんどん教義は後退していく。折り合いをつけようとしても、もともと正確な嚙み合わせができないのだから、バランスのとれたところで止めることができない。科学が人間化すればするほど、キリスト教との齟齬《そご》は大きくなる。もちろん同じことはユダヤ教やイスラム教などの絶対神宗教についても言える。したがって「科学が発展するにつれて、宗教的な世界は衰退していく」という一般則が生まれることになり、実際、そういった傾向が全世界的に見られるのである。

「仏教が絶対者を想定しないというのなら、どうしてそれが宗教なのか」という質問に時々出会う。それは、絶対者を想定する宗教しか知らない世界にいるから、宗教とは絶対者への帰依を前提として成り立つものだという先入観が刷り込まれている人である。ブッダ時代の仏教は、そういった信仰の宗教とは次元の異なる、自己鍛錬の宗教である。それは99％の合理精神と、自己の精神内部における1％の神秘から成っているが、その1％が、仏教を宗教として成り立たせている要点である。

そこで、仏教と科学の関連性について結論を下すなら、仏教と科学は同次元の世界観に立つ人間活動であり、両者を同時に受け入れてもなんら矛盾することがない、ということになる。特に科学の人間化が進んできて、科学の基盤が次第に仏教世界の世界観へと近づいている現代において、仏教と科学の親近性はますます強まっている。

「世界は法則性に沿って展開しているが、その法則性とはあくまでも我々人間が人間独自の視点で構成していくものである。科学は、外部の物質世界を法則性によって理解しようとし、仏教は人間精神を法則性によって理解しようとする。さらに仏教の場合は、その理解した法則性を利用して、自己の向上を目指す。科学も仏教も、人間という存在を視点の中心に据え、現象を法則性によってとらえようとする点では変わることがない」。こう考えた人が、仏教と科学を同時に受け入れたとして、どこに矛盾があるのか。

特に最近の脳科学の発展は、物質世界と精神世界の壁を次第に破壊しつつあるから、いよいよ科学と仏教のボーダーラインはぼやけてきている。私は、将来ひょっとすると、仏教が科学と一体化するのではないかと思っている。それはこういうことだ。

仏教が宗教として存在しているゆえんは、悟りのプロセスにおける精神のレベルアップに関して理論的説明がなく、それを最初から信じてかからなければならないという一点にあった。ブッダの言葉を信頼してついていく者にだけ、真の平安があるというわけだ。もし脳科学がこの機構を解明したらどうなるのか。それがどれほど定量的に解明されるか、あるいは本当に解明され得るのか、私には判断できないが、もし仮に解明されたとしたら、仏教は完全に科学的な自己改良システムに変貌する。

欲望の起こらない清浄な環境に身を置き、できる限りの時間を瞑想に注ぐというその状態で、その上さらに精神の集中度をレベルアップする脳の機構が論理的に解明されていれば、それはもはや宗教ではなく、誰もが納得する普遍的な方法としての精神向上システムではないか。仏教は宗教の世界を離れて、科学的生活システムになる。

オウム真理教は、みせかけの科学システムでそういった世界を作ろうとした。そして、それを信じた大勢の人たち、特に科学好きの若者たちが参入した。だからこそ私は今ここで、科学と仏教のみせかけではない、真の関連性を語ろうと考えたのだ。間違うことは悪へと通じる道である。間違わないためには学んで知るしかない。もう一度、念のために言おう。科学と仏教が最終的に一体化する可能性はある。しかし、今はまだ違う。だから、今の時代に、そのようなことができるなどと主張する者がいたら、信用してはならない。今はまだ、科学は科学、仏教は仏教という時代なのだから、それを不合理な方法で連結してはならないのである。

くれぐれも注意して欲しいのだが、ブッダは、自分がなにか超越者から啓示を受けて、それを世の人々に説き広めようとして仏教を作ったのではない。他者に奇蹟的神秘を信じさせるために布教活動に赴いたのではない。絶対神宗教の布教活動とは、動機が全く違うのである。ブッダが目指したのは、他の人たちに自分の体験を伝え、同じ方法で精神の向上を成功させることであった。その方法に、理屈を超えた説明不能な部分があったため、「まずは私を信頼せよ」と言って人々を誘った。そこに仏教の宗教性があったのだが、そのような宗教性は別になくても構わないのだ。精神向上のためのシステム全体が合理的に説明可能であるならそれに越したことはない。それなら、宗教を胡散臭いと感じている人たちにも説得力を持って説明ができるから、ブッダの意図からすれば一層ありがたい。自分の体験が、合理性に基づいた科学的真理として皆に承認され、多くの人たちが当然のこととして、そのシステムを利用する、これこそブッダの本懐ではないか。

そういうわけで、私は脳科学がいつか仏教を、その体系の中に組み込んでくれるよう願っている。私自身の希望的観測で幾分大風呂敷を広げたが、敬愛するブッダ釈尊が、あこがれの科学者たちと並び称される日、「ブッダ釈尊は史上最も合理的な宗教家であり、そして最も慈愛に満ちた科学者であった」と称えられる日がくることを夢見ている。以上で、科学と仏教の関連性に関する論考を終了するが、最後に仏教内部の多様性について述べることにする。

第五章

そして大乗

――仏教の多様性はいかにして生まれ、どこへ向かうのか

私はここまで、ブッダ時代の仏教ばかり話題にしてきた。そして科学と対応させて考えることができるのは、この仏教だけだと言った。その言葉は事実である。だがくれぐれも誤解しないでほしい。科学との関係性を論じる場合に考察対象となり得るのが、唯一、ブッダ時代の仏教だと言っているのであって、それが仏教の中で最もすぐれた形だと主張しているのではない。「宗教としての価値はどうか」というなら、ブッダ時代の仏教と、その後に展開してきた仏教、特に大乗仏教に優劣はつけられない。なぜなら、どちらの仏教によっても、幸福になり得る人が存在するからである。まだ本書では大乗仏教のなんたるかをほとんど説明していないので、遅ればせながらここで章を改めて概観しておくことにする。

ブッダ以後の広がり

二千五百年前にインドで興った仏教は、紀元前にはすでに海路でスリランカに伝わった。南へ下りてスリランカへ伝わったのは、ブッダ時代とほぼ同じ形の仏教、すなわち現在言うところの上座部仏教である。だから今でもスリランカや、その延長にある東南アジア諸国は上座部仏教国なのである。一方、そのころはまだインドの北の方、ユーラシア大陸の大動脈であるシルクロードは完成していなかったので、インド文化が中国へ伝わることはなかった。したがって仏教は、海を下がって南方へはどんどん広がっていったのに対して、北方への門は閉じられていて、仏教はその門の前で足踏みしながら待たされていたのである。

ところがそのうち、インド本国内で、そのブッダ時代の仏教とは根本的に異なる世界観と教義を持つ、新たな仏教が発生してきた。しかもそれは一つではなく、様々に異なる動きが、雨後の竹の子のように次々と発生してきたのである。この多彩な新仏教の群れは、後に「大乗」という名でまとめられるが、発生当時にはそれぞれが個別の新仏教として現れたものであった。

この大乗仏教群は、先のブッダ時代の古い仏教と同じく、インドの南へ北へと次第に広がっていくのだが、南に下りてスリランカに到達した際には、すでにそこはブッダ時代の仏教が根づいており、新参者の大乗を素直に受け入れる状態ではなかった。たしかに大乗が入りかけた時代もあったが、結局は排斥され、それゆえ南方諸国には今も大乗はない。我々が日頃なじんでいる阿弥陀も薬師も観音も、『法華《ほっけ》経』も『華厳《けごん》経』も『般若《はんにゃ》経』も、わずかな痕跡以外、なにもないのである。

一方、北方へと向かった大乗であるが、相変わらずシルクロードはまだ開通しておらず、すでにそこで待ちくたびれていた古いブッダ時代の仏教と、後からやってきた大乗とが、ふたつ並んで門の開くのを待っているという状態になった。そして紀元前後、ついに門は開いた。古い仏教と新しい大乗仏教群とが、そろって中国へと流入していったのである。

中国人は驚いた。遠く天竺《てんじく》の地から不思議な宗教が入ってきて、しかもその中身たるや奇怪千万、経典によって言っていることがばらばらで一体なにが言いたいのか分からない。そのうえ天竺からはその後も、新たに生み出される大乗仏教の新顔たちが続々とやってきて混乱に輪をかける。こうして流入当初の中国仏教は非常に曖昧模糊とした状態であったものが、数百年かけて次第に落ち着いてくる。そして、同じ仏教にこれほどの主張の差があるのは、「ブッダが相手に応じていろいろ違ったレベルで教えを説いたからだ」とか、「ブッダは一生をかけて次第に教えを深めていったのだ」、といった理解で説明されるようになっていく。仏教の経典がすべてブッダ本人の言葉だと前提する限り、そういった解釈しかあり得ないからである。

そしてそれらの多彩な教えの中で、小乗と大乗を比較した場合、大乗仏教こそが、ブッダの本意を表していると考えられるようになっていった。その原因は、多くの大乗経典が小乗仏教（現在で言う上座部仏教）を批判していることにより、ブッダが説きたかった本当の仏教は大乗の方だと考えられたこと、それに、個々人の努力で自分自身が悟るという個人主義的仏教よりも、奇蹟的活動によって万人がひろく救済されるという大乗的思想の方がすぐれていると考えられたからである。

しかし実際には、小乗仏教よりも後に発生したからこそ大乗は先行する小乗仏教を批判しているのであり、ブッダの教えの大原則である法則性に基づく世界観を放棄したからこそ、奇蹟によって万人を救うという大乗的思想が可能になったのである。だが、「お経はすべてブッダの考えを伝えるものだ」という前提がある限り、こういった歴史性を考慮した客観的な理解は生まれようがない。ブッダは大乗、小乗、いろいろお説きになったが、真意は大乗の方にあったという解釈が大勢となっていったのである。この傾向はそのまま日本にも導入され、日本の学僧たちも、その解釈をそのまま受け継いで仏教研究を進めていった。

振り返ってみると、スリランカなどの上座部仏教世界には大乗が浸透しなかったから、大乗仏教をどう見るかという問題がそもそも存在しない。仏教といえば、ブッダ時代の仏教だけであって、拠り所とするお経も、大乗が現れる前から伝わっていた『阿含経《あごんきょう》』と呼ばれる一群の経典群しかない。仏教といえば上座部仏教ただ一本なのである。一方、中国・日本などでは小乗（すなわち上座部仏教）の教えも大乗の教えも、等しくブッダ本人によって説かれたものだと信じられていたから、両者の起源が全く違っているなどと考える人はいなかった。ということは、南方の上座部系諸国にも、北方の、大乗をメインとする仏教国にも、上座部仏教と大乗仏教を区分して考えて、両者それぞれの起源を探求しようなどという企ては起こりようもなかったのである。

仏教学最大のパラダイムシフトは江戸時代

古来、日本にも知恵すぐれた人は大勢現れた。大方は情緒面や政治の能力で才能を発揮した人であって、論理思考の達人と言えるような人はさほど多くないが、江戸中期、大阪で活躍した思想家富永仲基《とみながなかもと》は例外的な超人である。

彼は仏教信者ではなかったが、だからこそ仏教を客観的にクールに眺めることができた。富永は仏教経典を読み尽くし、そしてこう断定した。「今現在、我々の手元には膨大な数のお経が伝わっているが、これらのほとんどはブッダの言葉ではない。一般に、ブッダの真意を表すと考えられている大乗仏教経典に関しては、すべて後の人間の創作である。誰かがある大乗経典を創作し、その後に別の者が、それを土台にしてまた新しい経典を作る、という具合に、前のものに新たな思想を付け加えることで次々に新しい大乗経典が作成されていったのである」と。大乗仏教非仏説論の登場である。富永、二十四歳の時であった。精密な文献解読が天才的思考力と結びついて仏教学最大のパラダイムシフトを生み出したのである。

もし富永の意見を認めるなら、それまで千数百年にわたって続けられてきた仏教学の枠組みが崩れてしまう。膨大な量のお経全体をブッダ本人の言葉と見なし、それらの相互関係を解明するのが仏教学の仕事だと考えられていたものが、お経の束ねがぷつりと切れて、すべてのお経一本一本が、ブッダ以来千年以上にわたる歴史の流れの中へと飛び散ってしまうのである。

もちろん、それぞれのお経を拠り所として成り立つ各宗派にとっては致命的なことになる。富永の説に対して仏教界から批判の声が上がったのは言うまでもない。それらのほとんどは論理性のない単なる言い返しにすぎず、さらには全く根拠のない罵詈雑言も多く浴びせられた。たとえば富永の死後、彼は邪説を唱えたせいで、恐ろしい業病にかかって死んだ、などというらわさを広めた者もあった。後代、明治になって富永の天才を再発見して世に知らしめた内藤湖南《ないとうこなん》も、この時の仏教者たちの下品な悪口には憤慨している。

富永には仏教を貶《おとし》めようという気持ちなどなかった。ただ単に、歴史的観点から仏教の発展を跡づけようとしただけである。しかしそれは、聖書の権威を否定した進化論に対してキリスト教が強く抵抗するのと同じく、お経の権威を否定するものとして、仏教からの強烈な抵抗を受けたのである。

その後、富永の説は仏教界から無視されたまま、時代は明治を迎える。文明開化でヨーロッパの文化に触れた日本人は、そこにヨーロッパ仏教学というものが存在していることを初めて知る。例のインド・ヨーロッパ語の発見に端を発するインドブームの一環として、ヨーロッパ各地でインド語を用いた仏教研究が進められていたのである。

アーリア人という名称を初めて用いたミュラーのことを思い出していただきたい。日本に初めてヨーロッパ仏教学を持ち帰った南条文雄は、イギリスに行って、このミュラーのもとで学んだのである。

そのヨーロッパ仏教学は、スリランカや東南アジアの上座部仏教の研究を中心にして進められていた。学問の発端がイギリス植民地主義であったことから見て当然のことである。そのヨーロッパ仏教学を知って日本人が一番驚いたのは、大乗のない仏教世界が存在しており、しかもそれはスリランカから東南アジアにかけて広大な領域にわたっているという事実であった。

さらに、詳細な言語研究の結果として、その上座部仏教は非常に古い時代の仏教をそのまま残しているという事実が判明していた。古い方の仏教に大乗の要素が全く含まれていないということは、当然のことながら、大乗はブッダ本来の仏教ではないという結論に結びつく。こうして、ヨーロッパ仏教学との出会いによって富永の説がよみがえってきた。

大乗仏教は従来言われてきたとおりブッダ本人の教えなのか、それとも富永が言うようにすべて後代の創作なのか、明治の仏教は、この相対する見解をめぐってふたつに割れた。仏教学者のはげしい論争が続いたが、結局は上座部仏教の存在という現前の事実に逆らうことはできず、大乗非仏説論が勝利したのである。

「ううむ、大乗仏教はブッダ本人の教えではなかったのか。そうだったか」と、学者ならそれですむが、大乗仏教を本義としてきた各宗派にとっては感心している場合ではない。大乗経典が仏説でないと確定すれば、日本仏教が根底から覆る。教義の依って立つ基盤が崩れたわけだから、仏教の看板を降ろさねばならなくなる。というわけで、この時期の仏教界が大パニックに陥ったかというと、意外に平穏であった。そしてそのまま現在に至るまで、平穏に続いている。その理由は、大乗仏教という新たな形態の仏教が持つ、きわめて特殊な教義内容にある。この点に関してはすぐ後で説明するが、まずは明治期以降の日本仏教学の流れを語ってしまおう。

明治期になって大乗非仏説論が定説となった。この段階ではじめて、大乗仏教がブッダじきじきの教えでないのなら、それは一体どこからどのようにして生まれてきたのかという疑問が学問上の問題として現れてきた。今でこそ大乗仏教の起源など、仏教学では当たり前の研究課題になっているが、それはきわめて歴史の浅い、最近になって現れたテーマなのである。

その後、大乗の起源をめぐってはいくつかの異なる説が提示され、現在も仏教研究における最も注目される領域のひとつとなっている。詳細は省くが、たとえば大乗を作ったのはお坊さんなのか、それとも出家していない在家の人たちなのかといった問題が議論の争点になっているのである。

以上、大乗仏教という新たな運動の発生から始めて、それが歴史現象として認識されるようになってきた最近の学界状況までを急ぎ足で紹介してきた。しかし肝心の、「大乗とはどのような仏教なのか」という点には触れていない。ブッダの仏教とは違う新たな仏教が、ブッダより数百年後にインド国内で現れた、と言っただけでそれ以上は説明しなかった。次は、この点について述べることにする。

仏教の爆発的多様化

大乗という新しい形の仏教がなぜ起こってきたのか、という問題は、実は私自身の研究領域のひとつである。しかし専門であるだけにかえって簡単に説明するのが難しい。ここではあまり文献の詳細には立ち入らず、かといって本筋は取り逃がさないよう、バランスに注意して語るが、多少のブレは許していただきたい。

まず、新たに発生してきた大乗という仏教の全体的様相であるが、その特徴は多様性にある。大乗という全体名称は後になって現れたもので、最初期には、それぞれに異なる系統の新仏教が並行して次々に現れてきた。たとえば『般若経』、『法華経』、『華厳経』、『大無量寿経』など、日本でもおなじみのお経は、それぞれが異なる系統を形成している。これらは今でこそ「大乗経典」として一括されるが、もともとは別個の起源を持つ別系統の経典なのである。それまでは単一の宗教として、ひとつの固定された教義を守ってきた仏教が、ブッダの死後数百年たって突然一挙に多様化し始め、やがて系統の異なる様々な新仏教を生み出したのである。私はこれを仏教の爆発的多様化と言っているが、この、大乗仏教の起源ともなった不可解な現象の原因を探って、私は一応の答えを出した（『インド仏教変移論』)。その結論部分だけを言うと次のようになる。

紀元前のある時期、仏教界で破僧《はそう》の定義が変更された。この「ある時期」というのは私の研究ではアショーカ王時代ということになるのだが、それは今はどうでもよい。ある時期というだけで話は通じるから、そのように言っておく。「破僧の定義」というものについては説明が必要である。

仏教はブッダの教えを核として成立した、出家者の集団宗教である。すなわち、同じブッダの教えを奉じる出家者たちが、自分たちだけで生活共同体(僧団＝サンガ)を作り、律の規則に基づいた集団生活を送りながら修行に専念するという形態の宗教であった。このことはすでに言った。もしその中に、ブッダの教えと違った別の教義を主張する者が混ざり込み、まわりの出家者を勧誘して独自の僧団を形成したとしたら、仏教は根底から崩壊するであろう。

たとえば「修行ではなく、神への祈願によって真の幸福が得られる」と主張する者が勝手にグループを作ったなら、それはせっかく反バラモン教の立場に立ってブッダが興した仏教を台無しにすることになる。したがって仏教ではこのような事態を非常に恐れ、そういった、僧団の破壊行為を最悪の犯罪として強く非難する。それが破僧、すなわち僧団破壊と呼ばれる犯罪である。これは人間が犯す罪の中でも最悪なもののひとつとされている。

破僧は古来の律の中で「仏の教えに反する意見を主張する者が仲間をつのって別個の僧

団を作ること」と定義されていた。その具体例が提婆達多による僧団分裂事件である。彼は、ブッダの教えの一部を否定し、自分の教えこそが正しいと主張することで僧団のメンバーを取り込み、仏教僧団をのっとろうとしたのである。

この破僧の定義が承認されている限りは、仏教僧団の中から極端に毛色の異なった教えが現れてくることはあり得ない。伝統的な旧来の教義に反する新奇な説を主張する者は、破僧をたくらむ者としてまわりから非難され、その説が生き延びることはできないからである。この破僧の定義は、仏教を単一の宗教としてまとめていくための目に見えぬタガの働きをしていたのである。

しかし仏教が次第に勢力範囲を拡大し、独立した僧団が各地に散在する状態になると、僧団ごと、あるいは地域ごとに、多少なりとも教義に食い違いが出てくる。それがどれほどの違いであったのか詳細は不明であるが、とにかくそういった違いがどこかで表面化し、互いに相手を破僧集団として非難する事態が生じたらしい。仏教世界が複数のグループに分かれて、それぞれが自分たちだけを正統仏教と考え、他者を仏教にあらざる破僧集団として非難する、そういった状況である。本来、仏教の教義をひとつにまとめておくために制定されていた破僧の定義が、かえって仏教世界に深刻な亀裂を生み出したとも言える。

分裂をまとめようとした小さな規則変更

このような仏教世界の分裂状態を憂慮して、なんとかもう一度仏教をひとつにまとめようという動きが起こった。その動きを在家の立場で後押ししたのが有名なアショーカ王である。一旦破僧状態になった仏教僧団をもう一度和合させるためにはどうすればよいか。破僧というものが「仏の教えに反する意見を主張する者が仲間をつのって別個の僧団を作ること」と定義されていたのであるから、その破僧状態を解消するための条件は「仏の教えに背く意見を主張する者が、その意見を放棄した上で、もとの僧団に戻ること」でなくてはならない。つまりなんらかの方法で教義の食い違いを是正し、全仏教世界をもう一度ひとつの教えのもとに統一しなければならないのである。

しかし、現実問題としてそのようなことは不可能であった。お互いが自分たちこそ正統派であると考えている時に、どちらかが「はい、私たちが悪う御座いました。これまでの意見を放棄して皆さんに従います」などと言うはずがない。そこで、より現実的な方策がとられることになった。現状はそのままにしておいて、とにかくそれらのグループがお互いを破僧集団として非難し合うことがなくなるような形式上の和合策、俗に言えば手打ち式が行われたのである。

律の中の、破僧の定義とは全く別の箇所に手打ち式の方法が決められている。すなわち、「ひとつの僧団にいながら仲違いをしているふたつの集団があって、彼らが和合、つまり仲直りをした時には、その証しとして全員が一緒になって布薩《ふさつ》儀式を執行せよ」という規則である。布薩儀式とは半月に一度、僧団の全員が集まって行う反省会であるが、要するに、そういった全員参加の集団行事を一緒に行うことで、僧団の分裂状態が解消されて皆がひとつに和合したことを示せという規定である。

これは「皆が仲直りしたなら、その証しとしてこの儀式を行え」という意味の規則であって、この儀式そのものが分裂状態にあるグループを仲直りさせる力を持っているわけではない。集団行事を一緒に行うということは、単なる仲直りのサインにすぎない。しかしともかく、この儀式を皆で行えば、もはやそこに破僧という罪を犯している者は誰もいないという共通認識は生まれるのである。この規定が利用された。グループごとの教義の違いは残したままで、ただ布薩という儀式を一緒に行うことにより、形式上ではあるにせよ、仏教世界は和合したという共通認識を生み出すことができたのである。

しかしこの場合、破僧の定義が以前のままだと、大変な矛盾が生じる。お分かりだろうか。破僧の定義は「仏の教えと異なる教義を唱えてグループを作ること」であるのに対し、その破僧を解消する方法が「皆が一緒になって集団で行事を行うこと」であるとすると、破僧の原因となった教義の違いが残ったままでも、とにかく集団行事を一緒にすれば破僧はなくなったということになる。しかし教義の食い違いが解消されていない以上、破僧の定義を適用するなら、その状態はやはり破僧だということになる。破僧の定義と、それを解消するために行われる手続きとが合理的に対応していないためにこのような矛盾が生じるのである。そこでどうしても破僧の定義を変更せざるをえなくなった。布薩儀式という集団行事の共同執行によって形式上仲直りした各グループが、各自の教義を保持しながらも破僧状態に陥るのを避けるためには、「教義の違う者がいても破僧にはならない」ことを認める新たな定義が必要になる。

では、どのように破僧の定義を変えればよいのか。敵対する者同士が行事を一緒に行うことによって仲直りしたのであるから、それに対応させて、「布薩のような行事を一緒に行わなければ破僧である」と定義すればよい。そして実際、破僧の定義はそのように変更された。「仏の教えに反する教義を唱えてグループを作ること」であった破僧の定義が、「布薩のような集団行事を一緒に行わないこと」に変更されたのである。

これにより、皆と一緒に行事に参加しないなら破僧、参加すれば問題なし、ということになる。誰がどんな意見を持っているかは、問題にされなくなるのである。この新たな定義を逆に見れば、「たとえ意見の異なる者同士であっても、一緒に集団行事を行う限りは破僧にはならない」ということである。この言葉の重大さに注目していただきたい。仏教僧団の中に、異なる意見を主張するグループが複数存在していても、行事さえ一緒に行っている限りは、全員が仏教徒として認定されるということになるのである。このように破僧定義を変更することにより、集団行事によって仲直りした各グループは、その後も、布薩を継続して行っていくことで、その和合状態を持続していくことが可能になった。

おそらく当時の人たちには、このようなわずかな規則変更が、その後の仏教を劇的に変化させることになるとは想像もできなかったであろう。彼らは単に目の前のやっかい事を処理するために律の規則を一部手直ししたにすぎない。しかしそれによって仏教は「異なる教義が併存することを認める」という協約を正式な規則として導入することになった。

こうして、教義を一本化しておくためのタガが一旦はずれたなら、もはや多様化の波を押し止めることはできなくなる。この事件をきっかけとして仏教世界全体が多様な教義の併存を承認するようになり、それを苗床として、様々なところで一斉に革新的教義が芽吹いてきたと考えれば、旧来の仏教僧団内部から多彩な大乗思想が同時的に並行発生したという現象はうまく説明がつく。

数々の新仏教がすべて大乗仏教

これ以上ないくらいに単純化して説明してきたが、仏教に全くなじみのない人たちにはやはり分かりにくい点があるかもしれない。もう捨て鉢になって一言で言ってしまえば、「ある時を境にして、仏教という宗教は、お坊さんにさえなっていれば、どんな珍説奇説を主張しても追い出されることのない、なんでもオーケーの宗教に変貌した」ということである。

もちろん、時代や社会状況によっていろいろな場合があり得たであろうから、仏教全体がすぐに多様化したとは言えないが、ともかく、こうして仏教の多様化を生み出す苗床は整った。その後の数百年の間に、この苗床から、様々な新しい教義が次々に生み出され、やがてそれらが絡まり合ってひとつの潮流となっていった。それを我々は大乗仏教と呼ぶのである。

したがって、大乗というのはひとつの仏教を指す名前ではない。破僧定義の変更をきっかけとして、数百年の間に芽吹いてきた幾多の新仏教を総合して呼ぶ場合の総称である。その新仏教は、互いに合流したり反発したり、様々な絡み合いを繰り返してきた。したがって、それら多数の大乗仏教群の絡まりを解きほぐして、各々の起源を探るのは大変困難な作業である。現在も多くの仏教学者が、この問題にアタックしており、着実な進歩も見られるが先は遠い。種々雑多な大乗思想の源流を解明することは、ブッダの真の言葉の解明と並ぶ、仏教研究の重要課題なのである。

このように大乗という言葉は、様々な新仏教運動をまとめていう総称であるから、単一の流れを意味するのではない。しかしそれでも、その全体を遠くから眺めれば、そういった多彩な流れにもひとつの大きな共通項が存在することに気づく。それは我々自身がブッダになろうとする動きである。先に探検隊の比喩で語ったように、我々はブッダという特別なリーダーに引っ張っていってもらう迷える探検隊員であったが、新たに起こってきた大乗仏教では、我々自身がブッダと同じ立場のリーダーになって世の生き物を悟りへと導かねばならないという思いが前面に出てくるのである。このような思考が現れてくる過程を少し詳しく語ろう。

ここからあと、ブッダという言葉の意味が少し違ってくるので注意していただきたい。今まではブッダを、お釈迦様という一個人の固有名詞として使ってきた。ブッダとはガウタマ・シッダールタという人物の呼び名であった。しかし大乗仏教になると、ブッダと呼ばれる人は沢山いるという考えが導入されてくる。阿弥陀とか薬師とか大日とか、様々なブッダが考案されるようになってくるのである。したがってブッダという語は固有名詞ではなく、そういった悟りを開いた素晴らしい超人をまとめて呼ぶ一般名称になっていく。したがってこの後、本書でもブッダをそういう意味で用いる。そしてお釈迦様個人を指す場合には釈尊という呼称で区別することにする。

ブッダに会いたいという強い思い

釈尊が亡くなって数百年の時が流れ、世情にも様々な変化が生じてくる中で、仏教徒たちの心の中には、指導者に直接導いてもらえないことに対する不安と不満がつのってきていた。これを解消するためには、どこか見知らぬところに釈尊とは別のブッダがいると想定する必要がある。釈尊以外にも別のブッダがいて、そのブッダが我々を導いてくれるに違いないとする思いである。

ところが仏教では古くから、この世にはブッダといわれる人は必ず一人しか出現しないという原理が定着していた。おそらく、釈尊の偉大さを強調し、仏教の優位性を示すために導入された考えであろう。これが大きな障害となる。この世の中は無限の過去から無限の未来へと存在し続けるが、ブッダと呼ばれるすぐれた人物、道に迷った生き物たちを導いてくれるリーダーは、その無限の時間の中で時々、きまった期間しか現れないという考えが、大乗仏教が起こってくる前、すでに定着していたのである。

二千五百年前、この世に現れたブッダが釈尊つまりお釈迦様である。釈尊は八十数年間、この世で生きて、そして涅槃に入った。次にこの世に現れるブッダは弥勒《みろく》であるが、その出現までには何十億年という単位の気の遠くなるような待ち時間がある。その間はブッダのいない時代が続く。

当然、釈尊以前の過去の世にも数限りないブッダたちが、この世に現れて人々を導き、そして亡くなっていったに違いない。ほんの短時間のブッダのいる期間と、想像を絶するほど長い無仏《むぶつ》の時代が、交互に続くのである。

長い長い綱を無限に伸ばし、そのところどころに規則的にペンキで赤い印を付けていったと考えればよい。赤印のところがブッダの出現期である。我々は釈尊という赤印から二千五百年過ぎたところにいる。印の付いていない時代に生まれてしまったので、ブッダには会えない。次の弥勒さんの赤印ははるか遠くである。それまで我々がブッダに出会うチャンスはない。つまりブッダに会って直接導いてもらうなどというのはとうていかなわぬ夢なのである。

これが大乗発生以前のブッダ観である。仏教の修行者は、ブッダに会いたいなどという無駄な欲求は捨て、釈尊という、すでに亡くなってしまったブッダの残した教えだけを頼りとして励んでいかねばならないのである。

それでも人々は他のブッダに会いたいと思った。どうしても会いたい。ではどうすればよいのか。「この世界に」ブッダは一人しか存在し得ないというのなら、そしてそれが時たましか現れないというのなら、世界が複数あると考えればよいではないか。世界が無数存在しているとすれば、その中には必ず、「今、現在、この時に、ブッダが存在している世界」は必ず見つかる。

さきほどの長い綱を、たとえば百万本用意して平行に張る。一本一本がひとつの世界である。それぞれの綱には異なった規則性で赤印が付けられている。我々の世界を表す一本の綱を見ると、現在という時代は、最後のブッダつまり釈尊の出現から二千五百年たったところだから、赤印からははずれている。しかしその百万本の綱を横に見ていけば、現在点が赤印に重なるような綱はきっとある。その世界では、今この瞬間も別のブッダがいる。それなら、そのブッダに会えばよいではないか。

しかもさらに、次のようなアイデアが加わってくる。すなわち、ブッダがこの世で何年くらいの寿命を持つかはそれぞれの世界やそれぞれのブッダによって異なっている。したがって、ブッダによっては無限の寿命を持って、いつまでも存在し続ける者もいるにちがいない。つまり先の綱の喩えで言うなら、綱全体がずーっと赤く塗られているものもあるということである。その世界では、いつでもブッダがいるから、どの時代に生まれた人でも必ずそのブッダに会える。このように考えることで、次の弥勒まで待たなくても、いつでもブッダに会える可能性が生み出されるのである。これが「三千大千世界」や、「極楽世界におられる無量寿仏（阿弥陀如来）」といった概念を生み出していく。

さらに、ブッダに会うという行為にはもう一段重要な意味がある。やはり大乗以前からのきまり事として、ある人がブッダになるためには、過去において別のブッダと出会い、そのブッダに向かって「自分も将来はブッダになりたい」という決意を示さねばならないということがあった。そういう決意に対して、その過去のブッダは「お前は必ず将来、ブッダになるであろう」という保証を与えてくれる。この手順を通過した者だけが、菩薩と呼ばれ、ブッダを目指す修行を実践することができる。つまり、過去にブッダと出会って「自分もブッダになりたい」と願い出た者だけがブッダになれるということである。

これもまた、釈尊の優位性を示すために導入された原理である。すなわち、釈尊は過去に特別なことをしたのでブッダになれたのだ、釈尊は特別な人なのだということを示している。釈尊は我々凡人とは違って、はるか昔に「ブッダになりたい」という誓いを立て、それからあと、様々な生き物となって何度も何度も生まれかわる間、ずっと菩薩としての修行を続けてきた。だからこそ、ブッダという特別な存在になることができたのだ、という考えである。しかしこの考えを逆手にとらえるなら、ブッダに出会うことのできる者は、自分自身が将来ブッダになれるかもしれないという考えにつながる。そして、先の並行世界のアイデアを使えば、我々全員がブッダに会うチャンスを持っている。ブッダに会えるならば、それを機縁として、我々自身がブッダになるチャンスも出てくるではないか。こうして並行世界に多くのブッダが現存しているというアイデアは、我々自身がブッダに出会い、さらには我々がブッダになるという大いなるふたつの夢を同時にかなえてくれるものだった。

在家信者への強烈なアピール

我々もブッダを目指すことができるという大乗のアイデアは、在家信者の人たちに大いにアピールした。それはなぜか。釈尊時代の古い仏教ならば、出家して修行に励まなければ悟ることはできないのだから、在家でいる間は悟りに向かって進むことができない。できるのは出家者に布施を与えることでなにか現実的な果報を望むことだけである。

ところがいま言ったような、ブッダを目指す大乗のシステムならば、釈尊が過去のブッダに出会って誓いを立ててから実際にカピラヴァストゥで王子に生まれてブッダとなるまでの長い長い間の、何度も生まれかわり死にかわりして様々な生き物として生きていたその期間が、すべてブッダとなるための修行だったということになる。王族に生まれたり、貧乏人に生まれたり、あるいは動物に生まれたこともたびたびある。その生のひとつひとつが、ブッダになるための修行であった。その修行の総仕上げとして、ガウタマ・シッダールタとして生まれ、出家して修行し、ブッダになったのである。

それはつまり、在家者であっても、ブッダになるための修行ならば実践することができるということを意味する。まだまだ、何度も生まれかわり死にかわりを繰り返さねばならないかもしれないが、ともかく今、在家生活の中で実践している善行が、そのまま、ブッダになるための修行として有効になるのである。釈尊をリーダーとして、その後に従っていくという形の修行者ならば、出家して修行するという、その行為だけで悟ることができる。これは本来の仏教の考えである。ただしそのような修行だけではリーダーとしてのブッダにはなれない。ブッダというリーダーになるための修行は、それよりはるかに厳しく遠いものである。しかし反面、そのコースは在家でも出家でも修行が可能だという利点がある。したがって出家できないからといって悲観することはない。在家のままでも前進することは十分可能なのだからがんばれ、というのが在家信者たちに対する大乗仏教からのメッセージであった。

ではブッダになるためにしなければならない修行とは一体なにかというと、それはもちろん在家にも可能な修行であるから、本来の仏教が考えたような瞑想一本槍ではない。在家生活も考慮して、誰でもができる日常生活を基盤として考えられた修行方法、それが六《ろく》波羅蜜行《はらみつぎょう》である。そしてその六種の修行の中でも最も重要視されたのが、「智慧の完成」すなわち般若波羅蜜《はんにゃはらみつ》であった。

神秘性が生まれる

以上、大乗仏教の目的と、そのために想定された新たな世界観について説明した。最初は異なる状況で並行的に発生した複数の新思想が、今語ったような大枠によってゆるやかに束ねられ、大乗という潮流を形成していった。そしてその背後には、そういった新思想の出現を可能にした、破僧定義の変更という、「ささいなきっかけ」があったのである。

大乗仏教を形づくる基本的枠組みの中では、並行世界のアイデアが最も重要である。このアイデアによって、この世には釈尊以外にも無数のブッダがいるはずだと考えられるようになり、その結果、数限りないブッダや、あるいはブッダになるために励んでいる菩薩たちが創作されていった。現在の日本でも至る所で出会うブッダや菩薩は、釈尊以外はすべて、大乗世界の内部で、このような過程を経て生み出されてきたものなのである。

この大乗世界では、どうしても神秘的な作用が必要となる。一番問題となるのは、別世界にいるブッダにどうやって出会うのかという点である。我々の力ではどうやっても、この我々自身の世界から外に飛び出すことはできない。私たちが住んでいるこの世界は、インド語でサハー、漢字で音写されて娑婆《しゃば》というのだが、その娑婆で地べたにしがみついて生きている我々人間には、別の世界におられるブッダたちと出会う方法がないのである。

そこでいろいろな神秘が設定される。たとえば三昧《さんまい》と呼ばれる精神集中によって会いたいブッダのことを念じると、それを察知したブッダがこちらまでやってきて我々に姿を見せてくれるとか、あるいは、そのブッダの名前を呼ぶと連れに来てくれるとか、あるいは「君たち自身は忘れているが実は君たちはもうすでにブッダに出会ったことがあって、ブッダになる保証も受けている。そのことはこのお経に書かれている。だからもうブッダに会うためにあれこれ画策する必要はない。ただひたすら、このお経を信奉すればよいのだ」といった具合である。「釈尊は亡くなったが、その遺骨には神秘力が宿っているから、遺骨を拝めば、ブッダに出会ったのと同じ効果がある」とか、「ブッダは我々の内部にいる。外界を探すのではなく、自己の内部に見つけ出せ」あるいは、「ブッダという存在は全宇宙に満ちている。したがって儀式によって自己と宇宙を合一化するだけで、我々はそのままブッダとなる」といったものまで、神秘は様々で難易度もまちまちだが、目的は「ブッダと出会って、自分もブッダになる」という一本に絞られる。ここに、釈尊本来の仏教とは異なる、外部に超越的存在を想定せざるを得ない大乗仏教の特質が現れる。大乗仏教でのブッダたちは、釈尊のようなリーダーとしての存在ではなく、遠く離れた彼方の世界から我々に力を与えてくれる超越的存在なのである。

明治期に、大乗経典が釈尊の言葉ではないという事実が判明しても、日本の仏教界がそれほど慌てなかった理由はここにある。大乗仏教の場合、釈尊は我々を導いてくれるありがたいリーダーという立場から降ろされて、別の世界から我々を救済してくれる超越的ブッダたちのスポークスマンに位置づけられることになる。我々が必要とするのは、今現在、別の世界から慈愛の心で我々を見ている超越的ブッダたちとの出会いである。釈尊はもう涅槃に入ってしまっているからさほど意味がない。阿弥陀などの現在仏との直接交流さえできればいいのであって、その交流方法を説き示した大乗経典が、たとえ釈尊の直説でなくても問題はない。重要なのは、その大乗経典の言うとおりにすれば本当にブッダと出会って、自分がブッダになれるかどうかであって、その作者が釈尊かどうかは二の次なのである。

釈尊の仏教は人類史上もっとも希有な宗教

こうして見てくると、一言で仏教と言っても実質は釈尊時代の修練としての仏教と大乗仏教は、別個の宗教だということが分かる。超越的存在を想定するという意味で、大乗仏教は、ユダヤ教やキリスト教、イスラム教などの絶対神宗教に近い。そうすると、科学のベクトルは、大乗仏教および絶対神宗教の世界から、釈尊時代の仏教へと向かっていることになる。しかし、その釈尊時代の仏教は今はもう存在しない。現存しない過去の姿を復元するのは学者の仕事である。そこにこそ、仏教学という学問の存在価値がある。

今はもうどこにも残っていない、人類史上もっとも希有な宗教の本質を皆さんに知ってもらいたい。脳科学の力を借りることで、古代インド時代よりも一層合理的な姿でそれを復元することもできるだろう。それは、絶対神宗教とはまた別の面で、我々の一生を支えてくれる貴重な杖になるはずである。最後に、釈尊時代の仏教と、大乗仏教やキリスト教などの超越者を認める宗教の関係を、パターチャーラー物語を使って説明しよう。

昔、釈尊がおられた時代のことである。シュラーヴァスティーという大きな町のお金持ちに、かわいい娘が一人いた。なんという名前だったのかは分からない。とにかくその娘は、お金持ちのお屋敷で、召使いに囲まれて幸せに暮らしていたのである。

年頃になって、そろそろ婿をもらうことになり、両親は家柄の良い若者を探してきて娘と結婚させようとした。ところがこの娘は、屋敷で働いている召使いの青年に恋をして、この青年と一緒になりたいと望んでいたのである。両親の選んできたお婿さんと結婚するのがいやで、とうとう娘と召使いの青年は駆け落ちしてしまう。そして二人だけで森の中に入り、誰からも邪魔されることのない幸せな結婚生活を送っていた。

そうするうちに二人の間には男の子が二人生まれ、夫と二人の幼子に囲まれた娘の生活はすっかり落ち着いて、安らかなものになってきた。

そんなある日のこと、嵐が来たので、夫は家の補強材を手に入れるため森へ木を切りに出掛けた。ところがその夫がいつまでたっても帰ってこない。娘は心配で、二人の子供を寝かしつけた後も、まんじりともせず夜を過ごした。翌日、日が昇って森の中へ夫を捜しに行った娘は、冷たくなって倒れている夫の姿を発見する。毒蛇にかまれてそのまま死んでしまったのだ。娘は悲しみのあまり地面に倒れ伏して泣きじゃくったが、いくら泣いても助けてくれる人はいない。それでもなんとか気を取り直した娘は、子供を連れて両親の元に戻り、親の援助で子供を育てようと決心する。そこで幼子二人の手を引いて、生まれ故郷のシュラーヴァスティーに向かってとぼとぼと歩き出した。

やがて目の前に轟々と流れる川が出現した。普段は小さな小川なのだが、前日の大雨で急に水かさが増したのだ。二人の幼子にはとても渡れない。一人ずつだっこして渡すしかない。娘は、小さい方の子を岸辺に残し、お兄ちゃんをだっこして激流に足を踏み入れた。流されそうになるのを一生懸命踏ん張りながら、ようやく川の中程にさしかかった。残してきた小さい方の子が心配で振り返ったとき、彼女は恐ろしい光景を見る。

巨大な鷲が空を旋回していたかと思うと、岸辺に立って自分たちの方をじっと見やっている幼子の頭に襲いかかり、ツメで摑むと連れ去っていってしまったのだ。あまりのことで気が動転した娘は、叫び声を上げた拍子にだっこしていたお兄ちゃんを落としてしまう。激流はたちまち子供を飲み込み、子供の悲鳴もかき消えていく。呆然となった娘は、ほとんど正気を失ったままふらふらと川を渡り、無意識のうちに実家へと向かって歩み続けた。するると途中で昔の知り合いが彼女を見つけ、そして、前日の洪水で彼女の実家が流され、両親はじめ家族の全員が死んでしまったという知らせを告げた。この時、娘は気が狂った。焦点の定まらない眼で町から町、村から村へとさまよい歩く彼女の衣服はやがてぼろぼろになって脱げ落ち、裸女となった。人々は、この女を「パターチャーラー（ボロゆきさん）」と呼んでからかい、追い払った。

やがてパターチャーラーはジェータヴァナという場所へやってくる。そこには美しい森の中、釈尊のために建てられた立派なお寺があった。祇園精舎《ぎおんしょうじゃ》である。その時釈尊は、多くの人たちに向かって説法をなさっておられる最中であった。突然現れた裸のパターチャーラーに驚いた人々は、彼女を追い出そうとする。しかしそれを制した釈尊は、彼女に「おいで」と声をかけ、そして優しく問いかけた。「一体なにがあったのかね」と。その釈尊の優しさに、以前の記憶を取り戻したパターチャーラーは、自分の体験したことをゆっくりと話し始めた。それをお聞きになった釈尊は、人の死というものが決して避けることのできないものであること、しかしその死の苦しみ悲しみに打ち勝って、真の安らぎを得る道があることをお説きになった。

「来いよ、パターチャーラー。我が僧団はお前のような者のためにある。私の元に来い」。

こうして比丘尼《びくに》となったパターチャーラーは僧団の中で修行に励み、そして悟った。その後、パターチャーラーは立派な比丘尼として後輩の指導にあたり、自分と同じような境遇で悲嘆に打ちのめされた女性たちを励まし勇気づけ、皆から敬愛されたという。

パターチャーラーのような悲劇は普通あり得ない、一日で夫と子供と両親が死んでしまうなどという不幸は非現実的だと読者の皆さんはお考えだろうか。しかし少し考えてみれば、そんな例はいくらでもあるではないか。戦争や大災害は、我々の日常のほんの目と鼻の先に潜んでいる。そういった特殊な状況でなくても、全くの日常生活の中にさえ底なしの不幸は突然現れる。

もう二十年以上前のことだが、ニュースを見た。お母さんがなにかの都合で、幼い姉妹に留守番をさせて家をあけた。その間に火がでて家が燃え、姉妹は亡くなってしまった。現場にお母さんが戻ってきた時、幼い命はすでに消えていた。泣き伏すお母さんのもとに、別の知らせが届く。トラックの運転手をしていたご主人が、仕事先で事故に遭い、亡くなったというのである。

ニュースは、このお母さんが気を失って倒れる映像で終わった。その時私は、パターチャーラーを思い、そして、このお母さんを受け入れる釈尊のような人は今どこにいるのだろうかと暗い気持ちになった。

お涙頂戴の話をしようというのではない。このパターチャーラーの話を少し変えてみよう。二人の幼子のうち、一人は生き残ったとしたらどうか。先の話では、パターチャーラーはすべてを失った。すべてを失ったからこそ、なんのうれいもなく釈尊の僧団に入り、全く別の人生を一から組み立てることができたのである。

合理性だけで全うできないのも人生

釈尊時代の仏教というものは、それまでの人生を一旦すべて整理して、新しい人生を再構築しようという人のためにある。それができない人には、参加資格が与えられない。パターチャーラーはすべてを失ったから、釈尊の仏教によって助かったのである。だから、二人の子供のうちの一人は生きていたとしたらどうかと考えるのである。

子供をかかえている場合、その子を連れたままで出家するわけにはいかない。仏教僧団という島社会に入るためには、子供との生活は捨てねばならないのである。誰か養育してくれる人がいればよいが、パターチャーラーのような場合には、まさか子供を捨てて出家するわけにもいかないから、釈尊の仏教で安らぎを得ることはできないのである。

ではどうするのか。そういう、やるべきことが分かっていても、どうしてもそれができないような、狂おしい状況に置かれた人が助かる道は、超越的な存在への帰依しかない。その道はキリスト教にあり、イスラム教にあり、そして様々な大乗仏教の中にある。

釈尊時代の仏教と、大乗仏教に優劣がつけられないと言った理由はここにある。釈尊時代の本来の仏教は、自分の生活のすべてを投げ出して、なにもかもを修行一本にかけていく、ある意味恵まれた境遇にある人たちの宗教である。それは科学と共通性を持つほど合理的でスマートで都会的である。できるものなら、そういうカッコいい生活を選びたい。しかし、そういう決意が心に生じる以前に、私たちの生活はすでにいろいろなしがらみでがんじがらめになっている。そんな中で、我々に日々の平安を与えてくれるのは、不合理ではあるが穏やかで、説明はできないが暖かい、そういった超越者の宗教である。合理性だけで人生を全うできるのならそうしたい。それは決して実行不可能な夢まぼろしではない。釈尊が、そして多くのすぐれた科学者たちがその道を行った。しかし、そうしたくてもできない者を拾いあげ救いあげる超越者の宗教は、これもまた人間社会になくてはならない大切な一機能なのである。

科学と仏教の関連性を解明するなどと大見得きって書き始めたが、どうだろうか。私は科学と仏教がどちらも好きで好きでたまらないので、多少は無理をして両者を結びつけたところがあるかもしれない。それでも、両者の根本的世界観が同じ次元にあるという点には確信がある。そしてそれを認識することは、自分自身が生きる世界の奥行をとても深めてくれる。読者の方々に、私のそういった気持ちが少しでも伝わったなら、それだけで本書を著した意味があるというものである。このようなものの見方を与えてくれた釈尊に、心からの敬慕の意を表しつつ、考察を終えることにする。

あとがき　未来の犀の角たちへ

小学校時代、詩のコンクールに入賞して、賞品にもらった百科事典のとりことなり、理科系へ進むことに決めた。物理や化学のような、物の実体を解明する仕事だけが学問であって、哲学だの心理学だの、人が人の心を探るような領域の研究は、つまらない言葉の遊びにすぎないとばかにしていた。よくあるタイプの科学少年である。そして高校、大学と理科系で通し、そろそろ自分の能力の限界も分かってきて、これから先の五、六十年間、なにを拠り所にして生きていこうかと考えたとき、とたんに不安になってきた。

生まれが寺だったということもあり、いずれはお坊さんにならなければならないという漠然とした思いから、仏教に道を見出そうと考え、巷の仏教書をいろいろ読んでみたが少しも面白くない。よく考えれば当たり前の普通のことを、深遠そうな修飾句で飾り立て、雑学で権威づけしただけの、売文の魂胆が透けて見えるような本が多かった。科学を続けたところで、この先なにか自分が変わるような大転換が訪れるとも思えなかったし、仏教も底が浅くて面白くない。そんな状態であれこれ迷って、行き先がないので同じ大学の文学部に学士入学した。今で言う、三年生への編入学である。文学部を選んだのは、同じアパートに住んでいた先輩が文学部の学生で、毎日好きなことだけやってのんびりぐうたら暮らしているのを見ていたから。世の中にこんな楽な生活があるのかと、うらやましかったからである。文学部ならどこでもよかったのだが、将来実家に帰ってお坊さんになったとき便利だろうと考え、仏教学を選んだ。まことに立派な志である。

入ってみると、仏教学の世界は想像以上に奥が深かった。そこは町の書店の仏教コーナーに並ぶ雑本とは一ケタ違う、峻厳で冷徹なアカデミズムの世界だった。「まともな仏教学者になろうと思ったら、最低八ヵ国語は必要です」と言われて愕然とした。愕然としたままそれから二十五年が過ぎ、いまだに八ヵ国語なんてマスターしていないが、それでも一応は仏教学者の肩書きで暮らしている。つまり私はあまりまともでない仏教学者になったというわけだ。その、まともでない仏教学者になるための二十五年間は非常に面白かった。がちがちの文献学と、お気楽な雑学を半々にかじりながらの知的冒険生活は、私のような不心得者には過分のぜいたくであったと感謝している。

仏教学という学問は、学問としての品格がとても高い。その研究領域は、時間では二千五百年間、空間でみるとユーラシア大陸の東半分である。その広大な領域で、膨大な数の仏教徒たちが生み出してきた思想・文化・芸術・歴史、そのすべてを扱う。そしてそのためには、綿密な調査と正確な情報と緻密な論理思考が要求される。すぐれた学問の条件をすべて満たした領域なのである。

しかし仏教学がすぐれた学問である理由は、これだけではない。実際にインド仏教を研究していく中で次第に私は、仏教学がすぐれた学問である一番の理由は、仏教という宗教そのものがすぐれているという点にあると気づいた。

仏教が、他の宗教にはない図抜けた合理性の上に成り立っているということは、本書でたびたび指摘してきたとおりである。この仏教の特質が見えてくるにしたがって、若い頃に親しんだ科学の世界がよみがえってきた。仏教、特に最初期の釈尊の仏教を知れば知るほど、科学がなつかしく思えてくる。この不思議な感覚は、言葉で伝えることができない。仏教研究の中に、科学のデジャヴュを見ると言ったら分かってもらえるだろうか。十年ほど前からそうなった。

ちょうどその頃、総合研究大学院大学が立ち上げた「意識の進化」という研究プロジェクトのメンバーに選ばれて、様々な分野の科学者の方々と個人的に話をする機会に恵まれた。そのスマートな頭脳集団のカッコよさに魅せられ、序文でも言ったように、花園大学で「禅と生命科学」という連続講演会を主催することにした。人づてに聞いたり、あるいは自分で科学書を読んで知った、これはと思う科学者に直接頼み込んで来てもらう。功なり名を遂げた老大家ではなく、今現在、最先端で活躍中の若手研究者が対象である。

「私は、京都にある花園大学という禅の大学で仏教を教えている者ですが、仏教と科学の関連性を語る講演会を主催しております。講師としておいでいただけないでしょうか」と依頼して、一度も断られたことがなかった。禅の大学と聞いて、とても喜んでくださった方も大勢おられた。ありがたく、そしてうれしいことだった。講演に際してこちらから出す条件はひとつだけ。仏教のことなど全く考慮せず、専門の科学の話をそのままズバリと語って欲しい。聴衆のレベルなど気にせず、難しい内容はそのままでいいから、ただ分かりやすく話して欲しいというものだった。

変に仏教にすりよってくる科学者は信用しない。「科学者」というのは、職業でもなければ肩書きでもない。それはその人の思考方法を表す名称である。一旦「科学者」の看板を掲げたら、死ぬまで論理思考を手放してはならない。ニュートン時代ならいざしらず、ここまで科学の人間化が進んだ時代に、超越存在と手を結ぶなら、いくら科学の分野で仕事をしていても、その人は科学者ではない。私の講演会に呼ぶのは真性な科学者だけと決めていたから、仏教のことを話してもらう必要など全くないと考えたのである。

そうやって、毎回かなり硬派な内容の話が続いたが、講演の後で行ったディスカッションで仏教の立場からの見方とすり合わせると、これが実にスムーズに進むので驚いた。特に釈尊時代の仏教との整合性は顕著であった。この時、仏教と科学は想像以上に結びつきが深いのではないかと気づいた。それが本書の基本的視点となった。

この企画は足かけ三年続いたが、さすがに一人で企画・実行をこなすのは負担が大きく、三年目でねを上げた。最近になってサイエンス・カフェなるものがはやってきて、私自身、メンバーとして参加もしているが、「禅と生命科学」は、その先駆けであったという自負はある。

これらの体験の中で、私の科学に対する思いはますます熱くなっていった。科学者というのは世界一カッコいい人たちだという、あこがれの気持ちである。それは、私が敬愛する釈尊の姿と重なる。誰も知らない世の中の真理を、己が力でつかみ取る人たち。私はこの本を、そういった真理の探究者たちに捧げる。

この本は、科学者たちと、そして釈尊に対する私のラブレターである。ラブレターは何度も書くものではない。気持ちは一度伝えれば十分だ。二〇〇六年の一月一日から書き始め、三月三十一日には書き終えようと決めた。その三ヶ月が私の恋愛期である。今日は三月三十一日。これで恋の病も終わり。明日からはまた、地を這うような仏教文献学の世界で地道に生きていく。だが、人生の中の熱に浮かされた三ヶ月は、私にとっての至福の時であった。

もしこの本を読んでいるのが、未来ある若者ならば心して聞いてほしい。世に様々な楽しみはあるが、真理の発見ほどに素敵なことは他にない。大きいこと、小さいこと、スケールはいろいろ違っても、自分で真理を見つけるという行為は最高にエキサイティングなことであり、生まれてきてよかったと感じることのできる人生の生き甲斐である。私は科学者にはならなかったが、科学の世界をかいま見ることで、その喜びがどれほどのものか、横で見せてもらうことができた。うらやましいが、もはや自力でかなうわけもない。だから、もしこれから人生を決めようとしている読者がいるなら、この思いを託したい。科学も仏教も、一人ゆく勇者の世界である。そこには本当のカッコよさがある。カッコよくない人生なんか、絶対選んではいけない。この世の真理を自分の手でつかむために、すべてを投げ打つ覚悟で前進する、そんな人生を目指して欲しい。それが人として生まれてきた甲斐というものである。

本書は『犀の角たち』（大蔵出版、二〇〇六年）を加筆修正の上、文庫化したものです。

究極の真理へと到達するために精励努力し、
心、怯《ひる》むことなく、行い、怠《おこた》ることなく、
足取り堅固に、体力、智力を身につけて、
犀の角の如くただ独り歩め

『スッタニパータ』六八

科《か》学《がく》するブッダ

犀《さい》の角《つの》たち

佐《さ》々《さ》木《き》 閑《しずか》

平成25年 10月25日　初版発行

発行者●郡司 聡

発行所●株式会社KADOKAWA
〒102-8177　東京都千代田区富士見2-13-3
電話　03-3238-8521（営業）
http://www.kadokawa.co.jp/

編集●角川学芸出版
〒102-0071　東京都千代田区富士見2-13-3
電話　03-5215-7815（編集部）

角川文庫 18216

印刷所●株式会社暁印刷　製本所●株式会社ビルディング・ブックセンター

表紙画●和田三造

◎定価はカバーに明記してあります。
◎落丁・乱丁本は、送料小社負担にて、お取り替えいたします。KADOKAWA読者係までご連絡ください。（古書店で購入したものについては、お取り替えできません）
電話 049-259-1100（9:00～17:00/土日、祝日、年末年始を除く）
〒 354-0041　埼玉県入間郡三芳町藤久保 550-1

ISBN978-4-04-409447-8　C0115